郑九洲　徐东遥　管鹏——著

微信视频号

短视频制作+内容运营+商业变现

化学工业出版社
·北京·

内容简介

视频号作为一个新出现的短视频平台，抓住这个新风口，获取红利的机会就越大。本书从多个层面阐述视频号的运营、管理和营销，属于微信短视频运营入门级的教程，适合新手从零学起，快速入门。

全书分为8章。第1章总体阐述视频号和短视频在企业未来营销中所起的作用、扮演的角色，帮助运营者从整体上建立对视频号的认识，让运营者明确入驻视频号，体现短视频营销的必要性；第2~7章详细阐述了视频号的运营技巧和方法，包括账号运营、视频规划、内容运营、短视频拍摄、商业变现、粉丝管理；第8章结合不同行业进行视频号运营实操讲解，目的是让不同行业的运营者更有针对性地运营微信视频号，打造具有行业特色的微信视频号。

图书在版编目（CIP）数据

微信视频号：短视频制作＋内容运营＋商业变现 / 郑九洲，徐东遥，管鹏著．—北京：化学工业出版社，2021.4

ISBN 978-7-122-38573-4

Ⅰ．①微…　Ⅱ．①郑…　②徐…　③管…　Ⅲ．①网络营销　Ⅳ.①F713.365.2

中国版本图书馆CIP数据核字（2021）第032902号

责任编辑：卢萌萌　　　　　　　　　美术编辑：王晓宇
责任校对：赵懿桐　　　　　　　　　加工编辑：李　曦
　　　　　　　　　　　　　　　　　装帧设计：北京壹图厚德网络科技有限公司

出版发行：化学工业出版社（北京市东城区青年湖南街13号　邮政编码100011）
印　　装：天津图文方嘉印刷有限公司
710mm×1000mm　1/16　印张 12　字数 200千字　2021年8月北京第1版第1次印刷

购书咨询：010-64518888　　　　　　售后服务：010-64518899
网　　址：http://www.cip.com.cn
凡购买本书，如有缺损质量问题，本社销售中心负责调换。

定　　价：68.00元　　　　　　　　　　　　　　　版权所有　违者必究

前　言

　　随着移动互联网的发展，短视频浪潮席卷而来，尤其随着各个短视频平台的迅速发展，短视频红利正在越来越少，市场竞争也越来越激烈。

　　2020年年初，微信宣布入局短视频，同时微信视频号应运而生。这可谓是平地惊雷，让本已竞争白热化的短视频市场再起波澜。微信短视频的出现对于微信本身是十分有益的，完善了微信的产品链和生态内容。然而，业界有的人认为，就整个短视频市场格局来讲，微信视频号就是搅局者，未来必将对短视频市场的格局产生重大影响。

　　微信视频号对大环境的影响如何尚无法下定论，但其作为短视频市场中重要的一员，必然会给企业和个人运营者带来红利。可以预见的是，趁着短视频的热潮，视频号必然成为企业、品牌开展新媒体营销的标配。对于个人和自媒体来说也将是入局短视频、打造个人IP的新起点。

　　本书紧紧围绕视频号短视频的主题，从多个层面阐述视频号的运营、管理和营销方法，属于入门级的教程，适合新手从零学起，快速入门。

本书是在笔者拥有短视频运营经验，已掌握足够资料的前提下，对微信视频号的运营、管理和营销方法、策略和技巧进行客观阐述，迎合了一大批微信视频号运营者既想抓住机会又想规避风险的痛点需求。通过对作者自身运营经验的总结，官方政策的解读等，旨在向这部分读者全面阐述视频号的运营方法、技巧，帮助其打造一个极富特色的，能吸粉、引流的视频号。

本书有严谨的理论推导，有具体方法、步骤和技巧阐释，同时结合大量的实例分析，可以说做到紧贴实战。在行文上坚持实战、简单易懂的原则，使用简洁明了的语言、图文并茂的行文，十分有利于读者阅读，便于读者以最短的时间学习书中内容。

全书分为8章。第1章总体阐述视频在企业未来的营销中所起的作用、扮演的角色，帮助运营者从整体上建立对视频号的认识。第2章介绍了账号运营，即视频号适用于哪些人，以及较之其他短视频平台的优势。从第3到7章，详细阐述视频号运营技巧和方法，包括视频规划、内容运营、短视频拍摄、商业变现、粉丝管理等方面。第8章，结合不同行业进行实例实操讲解，目的是让不同行业运营者更有针对性地运营视频号，打造具有行业特色的视频号自媒体。

限于作者的时间和水平，书中难免有不足及疏漏之处，敬请广大读者批评指正。

目 录

第 1 章 积极入局：
抢夺短视频后半程新红利

第 2 章 账号运营：
账号是门面，需要重点打造

第 3 章 视频规划：
内容是核心，需要科学规划

第 4 章 内容运营：
打造高度垂直领域的内容

第 5 章 短视频拍摄：
视频再短也要拍出大片感

第6章 商业变现：
没有变现所有运营都等于零

第7章 粉丝管理：
营造粉丝的参与感和仪式感

第 **8** 章 **行业实战：**
各行各业视频号运营实战

第1章

积极入局：
抢夺短视频后半程新红利

2020年初微信官方推出视频号，这可谓是平地惊雷，让本已竞争白热化的短视频市场再起波澜。自视频号推出以来，一些先知先觉者已经看到了其中商机，并纷纷入局。企图在微信红利日益微薄之时，利用视频号这个"支点"重新撬动这个巨大的流量池。本章将从理论上分析视频号的市场意义，以及谁可以入局，为什么入局等。

微信视频号的地位与作用

▶ 1.1.1 微信视频号走红的有利条件

微信官方于2020年1月22日开通微信视频号，入口就在微信的"发现"页面，如图1-1所示。通过该入口就能一键进入视频号页面，可以发布、管理自己的视频，也可以观看、点赞和评论他人的视频。

微信视频号推出后，一大批媒体机构、文化名人、企业和网红大咖率先入驻。紧接着又有一大批普通用户加入，截至2020年6月，用户数量出现爆发式增长，达到2亿，从图1-2中张小龙发布的一条朋友圈可见一斑。

图1-2　张小龙6月22日发布的一条朋友圈截屏

图1-1　微信视频号入口

抖音、快手、B站等短视频的崛起，开启了短视频的红利潮，无论内容创作者还是视频观看者，以及短视频制作公司、MCN机构等第三方服务提供者，都在这场盛宴中分到了一杯羹。这样一场全民参与助推起来的浪潮，加速了短视频产业的发展，并在很短的时间内成为一种大众生活方式。

火热的短视频市场，正值红利上升期，微信作为一个新媒体内容平台势必要在视频领域有所作为，这也是微信推出视频号最有利的条件。

另外，微信之所以推出视频号，还有以下两个有利条件：

（1）用户需求逐步向短视频倾斜

用户对信息的获取已经从图文逐步转向视频，微信视频号用户短时间内暴涨到2亿，以及其他短视频平台年营收、用户数不断创新高，也印证了大众对视频类内容的需求在不断增加。

短视频更加能迎合当代大多数人短、平、快的信息获取需求。人们的生活工作压力越来越大，时间愈加碎片化，随时、随地刷一刷短视频，既可以缓解压力，消遣时间，又可以获取所需的信息。

（2）5G的到来，基础设施进一步完善

传输速度快，图像清晰度更高，容量更大，是5G网络最显著的特征。这些无疑为短视频的快速发展提供了客观条件。5G普及后，短视频这类以大规模数据传输为主的产业受益最大。

综上所述，微信视频号快速发展的有利条件，可以总结为3个，具体如图1-3所示。

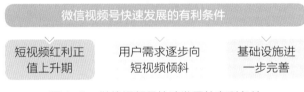

图1-3　微信视频号快速发展的有利条件

▶ 1.1.2　微信视频号解决了微信固有的问题

微信视频号作为微信的一项附加功能，可以发布短视频，也可以发布图片。观众在观看视频和图片的同时，可以对视频、图片点赞、评论、收藏和转载。微信视频号的定位，并不是以一个独立的产品存在，而是作为公众号的一个组成部分或补充，完成微信生态内容建设的最后一环。

众所周知，微信一直在努力打造"搜一搜"，力求做移动端的"百度"，而搜一搜背后需要海量的内容来承载，比如图文、视频等。图文类内容以2012年推出的微信公众号为代表，视频类就是2020年初推出的视频号。

由此可见，短视频是微信内容形态建设中重要的环节，微信视频号可以给微信生态内的内容生产者提供更丰富的内容形态，并辅以更好的入口，同时又可

以提升公众号创作者的曝光度和用户
黏性。视频号推出的根本原因就是基
于完善自身的内容生态，以缓解微信
在发展中遇到的困境的需求。

随着用户需求的变化，微信在
发展过程中被诸多问题困扰着。这些
问题主要表现在两个方面，如图1-4
所示。

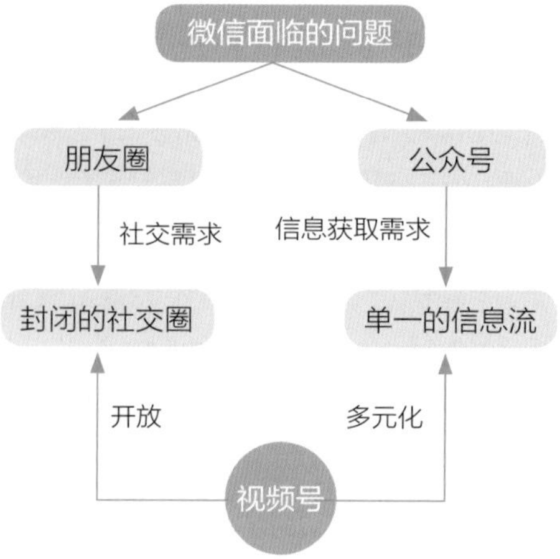

（1）视频号解放了封闭的朋友圈

朋友圈是个封闭的社交环境，随
着用户社交需求的扩大，朋友圈已无
法再适应用户的实际需求，急需突破这个封闭圈层。

图 1-4　视频号解决了微信现存的两大问题

大家都知道微信朋友圈是个相对封闭的闭环，所发内容只有自己的微信好友
能看见。视频号则不同，如果你的视频被微信好友看过，或者点赞、评论，那朋
友的朋友就可以看到这个视频，这样就可能出现链式传播，一传十，十传百。

再者，视频号系统也会自动推荐视频给更多用户。比如，你视频点赞量、
播放量等达到一定标准后，平台会根据视频类型推荐给对此感兴趣的用户。

（2）弥补了公众号视频类信息的缺失

微信公众号是一个以发布图文信息为主的平台，在短视频信息上比较欠
缺，需要登录后台，而且有很多限制。总体上来看，公众号就是一个图文号，
视频类方面是个短板。视频号的出现弥补了公众号这一缺陷。视频号在发布视
频时，可以添加公众号文章链接，用户在观看视频时就可以点击链接直接进入
公众号。

从变现的角度看，公众号发展陷入了一个瓶颈期，吸引流量的后劲明显不
足，红利消耗殆尽。视频号支持附带公众号链接，无疑为公众引流打开了另一个
窗口，所以，将视频号和公众号对接也会让公众号流量有一个提升。

▶ 1.1.3　微信视频号对短视频市场格局的改变

尽管视频号是微信为完善内部产品结构而推出的一个附加功能，但对整个

短视频市场也是一次非常大的冲击。这是因为视频号背靠微信这棵"大树"，影响力巨大，必然抢夺一大部分短视频流量，冲击到其他短视频平台的市场份额。

在短视频这个市场中，绝大部分流量被成熟的平台"垄断"，视频号的出现必然改变这种格局。不可否认，成熟的平台在短视频领域已经非常完善，似乎也没有了空白点，但这并不意味着视频号就没有了机会。比如，在传统电商领域，有人认为基本格局已经形成，市场基本已经被几个大型电商平台瓜分完毕，但拼多多硬是从夹缝中杀出了一条血路。

如今的短视频市场，与传统电商市场情况相似，微信视频号也像当初拼多多在夹缝中求生存。纵观整个短视频市场，红利已经触顶，微信+短视频却是一个尚未开垦的疆域。有了微信的背景，视频号有后来居上之势，不仅能创造自身的奇迹，还有打破行业固有格局的可能。

微信对于内容生产者具有绝对的磁吸效应，只要微信允许，所有的生意都会毫不犹豫地拥抱微信。就这个角度看，微信短视频杀出重围指日可待，前提是微信放开政策，让无论是短视频资源，还是视频创作者资源，都处于一个高度流通的状态。

1.2
谁可以入局微信视频号

▶ 1.2.1 公众号运营者

最先入驻微信视频号的一批运营者就是微信公众号运营者。视频号、公众号同属腾讯打造的内容平台，两者有着密切的联系。视频号主打视频类信息，公众号主打图文类信息，两者共同构成了微信的内容体系。因此，那些运营比较好的公众号主体，势必会在第一时间开通视频号，以打通微信整个内容闭环。

微信视频号体现了微信对于短内容的渴望，而公众号与视频号"两号"的打通，可以大大提升短视频在公众传播方面的优势，进一步拓展公众号运营的空间和影响。

▶ 1.2.2 微信用户

由于微信与微信视频号的特殊关系，使得微信视频号用户中很大一部分是微信用户直接转化而来的。尤其是微信视频号权限全面开放后，每一位微信用户都会被提醒可以直接开通账号。

▶ 1.2.3 媒体机构

微信视频号上另一个比较多的账号类型是新闻媒体机构，例如人民日报、央视网等。媒体机构，无论是传统机构还是新型多媒体机构，作为一个社会"发声器"，势必会抢占每一个渠道，让更多的人知道新近发生的新鲜、重大事件。

当然，这也与视频号最初实行的邀请开通制有关，视频号为增强本平台的权威性，为平台提供更多的内容输出，优先邀请了一批资深媒体机构入驻。因为在内容输出方面，资深媒体占有很大优势，一些重大、新鲜、富有正能量的内容都是由传统媒体输出。图1-5、图1-6是中国青年网、中国新闻网官方视频号的部分视频内容截图。

图1-5　中国青年网微信视频号页面截屏　　图1-6　中国新闻网微信视频号页面截屏

随着短视频平台的兴起，新闻媒体纷纷入驻开设自己的账号，抖音号、快手号……已经屡见不鲜。微信视频号开始内测后，同样引发了媒体机构的关注。面对"短内容"的又一个传播渠道，新闻媒体继续跟进，借助新平台实现导流。面对越来越多元的视频传播需求，新闻媒体立足抓好自建平台，不断"借船出海"。

需要注意的是，入驻微信视频号的新闻媒体机构，尤其一些小型的媒体机构、自媒体，首先要考虑的不是入不入的问题，而是应该考虑能否提供优质内容。一个平台的壮大，需要平台方与内容方共同发力。平台方为内容方提供了所需所求的便利条件，提供适合好内容创意生长的土壤。

微信视频号内测阶段，就先对主流媒体开放，不少媒体机构获得了内测资格。这说明视频号作为平台方，也在想利用媒体影响力获取流量、增强内容，寻找突破口。

同时，作为内容方，要竭尽所能生产优质的内容，为平台提供稳定的内容输出。通过系列宣推与运营活动，提升平台的知名度、影响力、传播力，为平台带来用户、流量以及相关收益，提升平台的吸引力和活力。

▶ 1.2.4　超级网红

微信视频号有一大部分用户是其他平台上的网红博主，也许有人会问，网红博主是一个平台流量的担当，会轻易换平台吗？对此，我们需要特别解释一下，这里的"换"不是易主，而是对渠道进行延伸拓展。他们从一个平台转到另一个平台，不是彻底放弃之前的平台和粉丝，而是重新开辟一个流量阵地，依靠以往的影响力和知名度继续吸引粉丝，毕竟单个账号流量增长非常有限。

任何网红都不会只有一个账号，也不会只限于一个平台。他们有自己的一套逻辑：打造账号矩阵，即"围绕一个或两个头部账号，打造相对稳定的账号矩阵"，以使得账号与账号之间相互扶持。

做新媒体、自媒体的人都知道，当头部账号粉丝量达到一定数量时，平台就不会再给你做新流量的内容推送。在这种情况下，运营者必须做账号矩阵，以开辟新的流量渠道。

接下来，我们通过实例了解一下网红是如何做账号矩阵的。

第一步，是在同一平台开设多个账号。

案例1

papi酱在微博上，以自身影响力赋能主账号papitube之余，还拥有"papi家的大小咪""papi酱的小师妹"等个人矩阵账号。

李佳琦在抖音上除了有头部账号"李佳琦Austin"之外，还孵化出了账号"李佳琦的小助理"。该账号的内容定位为李佳琦与小助理的趣味日常，将有趣的台前幕后分享给粉丝，从侧面为被"OMG""买它"标签傍身的李佳琦"注入灵魂"。

第二步，是在不同平台开设账号。账号矩阵既包括同一平台开设的不同账号，也包括不同平台中的多个账号。

▶ 案例2

仍以李佳琦为例，他在抖音上的头部账号是"李佳琦Austin"，在快手、微信视频号上也有同名账号，如图1-7~图1-9所示。

图1-8　李佳琦微信视频号账号

图1-7　李佳琦抖音号　　　　　图1-9　李佳琦快手账号

从这一点看，很多网红对微信视频号是有需求的，在推出后肯定会积极入驻。

另外，从平台运营的角度来看，微信视频号官方也肯定有政策倾斜，向一部分影响力较大的网红伸出橄榄枝。因为，网红某种程度上代表着流量，一个平台上聚集的网红越多，就意味着能吸引更多用户。现在很多人有这样的观点，微信视频号与抖音、快手既是竞争关系，也是相互依赖的关系，相互依赖就表现在网红资源的共享上。

▶ 1.2.5　行业大咖

随着微信视频号的普及，短视频红利不断外溢，很多企业家、专业人士积极参与进来，例如医生、教师、企业家、教育工作者、技术人员等。

行业大咖在专业程度上虽然不及网红，但他们都有自己的一技之长和独特优势，也很容易获取粉丝。而且这些粉丝都有特定需求或共同特征，容易形成独特的圈子，忠诚度更高。

例如，多年深耕育儿心理的李玫瑾教授，她的育儿视频吸引无数宝爸宝妈；小米科技CEO雷军，一场直播下来几十万粉丝围观，这些粉丝大多数是小米手机的忠诚用户。

正因为如此，行业大咖、专业人士在各大短视频平台都普遍存在。而开通微信视频号，一方面是希望通过视频号破圈涨粉，比如，可以通过"推荐""热门""附近"3个信息流模块达成涨粉目的。另一方面通过视频载体，塑造更立体的人设，提升粉丝黏性。

▶ 1.2.6　名人

名人资源是很多短视频平台都在努力争夺的资源，因为名人自带粉丝属性。名人入驻就意味着有绝对流量，视频号在上线初期就大量邀请名人开通账号。因此，一大批影视演员、运动员，及其他领域的明星人物纷纷出现在了视频号内，他们的视频内容很简单，但关注度往往很高，这就是名人的"光环效应"。

▶ 案例3

演员李现发布了一条在镜子上写"收工"二字的视频，点赞量高达3.9万次，评论1.2万条；张艺兴发布的一则"减肥"视频点赞数达6.3万次，评论1.1万条。事实证明，流量明星在哪里，哪里就有热度，与公众号初期一样，视频号内测阶段招入了大量明星吸引用户入驻。

名人强大的聚光和吸粉能力被平台争取，同时，也为广大普通用户提供了一条在短视频上的生存之道。这也是本节将名人作为微信视频号上一个主要群体，进行单独分析的主要原因，是因为他们可以带动我们普通账号做得更好。

现在微信视频号上"山寨名人"还不多，但在抖音、快手等已有很多，模仿的背后实现了内容创作和商业变现的双赢。

⏵ **案例4**

一个名为"JV马总"的账号，因出镜形象酷似马云，吸引大量抖音群众围观，"马云"也成为其视频评论中出现频率最高的词。许多观众一边纠结"真假马云"，一边或戏谑或认真地留言道："马总，可以借钱吗？""马总，不想还花呗了""马总，可以给我祝福吗？"

据新榜数据显示，"JV马总"抖音账号过去一周涨粉164万，抖音粉丝数达到502万，同时"JV马总"的快手粉丝数也已经达到129万。

因与知名人物撞脸而受到关注，在短视频平台上不仅有山寨版马云"JV 马总"，还有山寨版周杰伦、陈小春、赵丽颖、吴彦祖、蔡徐坤等。

山寨名人借由名人的晕轮效应，模仿名人创作视频，也可以轻易获得不少流量，引来无数粉丝。

1.3
微信视频号概述

▶ 1.3.1 微信视频号的概念

微信视频号是腾讯推出的一个短内容平台。用户利用微信号就可以申请开通，一个微信号只可以创建一个微信视频号。个人可以利用自己的个人微信号开通，企业或机构可以使用企业微信号开通。

▶ 1.3.2 微信视频号较之外部平台的优势

微信视频号在内容展示上，与抖音、快手等相似，内容展示的形式又与微博很像，以发布图文信息、视频信息为主，页面上辅以"收藏""转发""点赞""评论"功能。

对此，不少人质疑，在微博、抖音、快手等已经极具竞争优势的大背景下，微信视频号能脱颖而出吗？其实，微信视频号自身还有很多优势，可以助其破局。

微信视频号自身的优势，如图1-10所示。

图 1-10　微信视频号自身的优势

（1）获取粉丝更容易

微信是国内主要的社交平台之一，据官方数据显示，2019年活跃账户数量已经达到11.51亿。这十多亿用户都是微信视频号的潜在用户，因为一旦视频号全线开放，将自动推送给每位微信用户，用户可以一键式开通，如图1-11所示。

背靠十多亿微信用户，使得微信视频号获粉更容易，这也是微信视频号的先天优势。

图 1-11　微信视频号的开通页面

（2）信息传播更快，范围更广

微信视频号的信息传播路径更短，具体是指转发，通常只需要一键，即可转发给朋友，或者分享到微信、朋友圈、社群。由于微信向来以熟人社交，强关系社交擅长（这也是其他短视频平台所不具备的），当第一波"朋友圈"的人看到视频后，很容易形成第二波转发。经过，第一波、第二波的分享，就能迅速形成裂变，传播更快速，范围更大。

（3）用户群体无差别渗透

抖音的用户群体是从一线城市往下发展，快手则是从四五线城市往上发展，他们的推广都是在某一个圈层的基础上去扩散。微信视频号则不同，微信本身就建立了从一线到四五线，甚至更大圈层的市场渗透，可以实现无差别渗透，范围更广更大。

（4）更易于建立私域流量

微信视频号本身属于微信产品生态中一个产品，与微信联系更紧密，据此可以充分利用微信人脉圈（朋友圈、微信群、公众号等）建立起自己的私域流量。这是与其他平台相比最大的优势，私域流量对于自媒体来讲非常重要。

私域流量有很多优势，比如更可控。只有把用户导入到自己的"圈子"里，才能算是自己的客户，才能更有针对性地去维护和发展。私域流量可以直接与客户建立强联系，不需要额外投入其他费用，还有可能进行二次传播，无形中形成免费裂变。

▶ 1.3.3　微信视频号较之微信内部其他产品的优势

微信视频号虽然与公众号、朋友圈、小程序等同属微信产品生态中的一员，但与它们又有很多区别，而这些区别又形成了它独特的优势。

微信视频号较之微信内部其他产品的两大优势，如图1-12所示。

开放式运营　独特的推荐机制

图1-12　微信视频号较之微信内部其他产品的两大优势

（1）开放式运营

众所周知，微信的产品大都是封闭式运营，微信视频号是第一个开放式运营的产品，被誉为扩大的朋友圈。

出圈，是微信视频号最大的突破。在微信产品生态链条中，个人微信、朋友圈、公众号、小程序等都是在圈内进行的。也就是说，谁也无法看到与自己不相关，没直接交集人的信息。微信视频号的出现打破了这一圈层，可以根据自己的需求、兴趣和爱好自主搜索想要的信息。

（2）独特的推荐机制

以往微信的产品都是基于熟人社交进行推荐，比如公众号。当一篇文章发布之后，只有关注过的人才能看，而文章想要得到更大范围的传播，除了主动分享到该平台之外，就是依靠已有用户的口碑扩散。总之，必须一步步地来，经过一传十、十传百这么一个过程，来获得更多的粉丝。

由于这个过程十分漫长，所以文章的阅读量上升也非常有限。尤其是新号，即使文字写得很好，如果没有足够的粉丝支撑，也没有太多人能看到。其实，这种机制对内容创作者是一种伤害，大大抑制了其创造性与积极性。

而视频号就不一样了，它是结合转发朋友圈、转发微信朋友以及平台算法推荐于一体来传播的。相对于微信公众号、朋友圈来说，视频号是第一个可以被平台主动用算法推荐的产品。换句话说，只要你的内容足够优秀，就有机会获得爆炸性阅读量，只要能长期提供价值输出，必然会获得更多人的关注，同时也会获得更多的机会。

▶ 1.3.4 微信视频号的功能

"关注""朋友""热门"以及"附近"是改版后新增的4大功能，这标志着微信视频号由单一的信息流推荐过渡到了细分信息流。这样改版，使信息层级也更加清晰和高效，大大提升了内容分发的效率，也更能精准地满足粉丝的需求，方便粉丝根据喜好、兴趣及自己的关注获取相应的内容。

下面具体看下这4个功能，如图1-13所示。

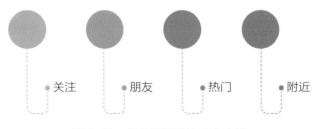

图1-13　微信视频号的 4 个功能

（1）关注

用户关注过的账号，所发布的内容都会展示在这一功能下，展示顺序会按照发布时间来定，先后排序展示，这和订阅号之前的推送逻辑一样。

（2）朋友

朋友是基于微信生态熟人链逻辑新增加的一个功能。好友点赞的视频都会展示在此功能下，类似于"看一看"，这类推荐在微信读书中也有，比如，"好友在看书籍""好友点评书籍"，这也是微信视频号基于关系链推荐的体现；同时如果一个朋友点赞推荐的内容过多，还会以小卡片的形式呈现，集中展示该用户推荐的视频。

（3）热门

热门，是根据内容的热度进行推荐的一个功能，目前，还没有加入基于用户画像行为做的推荐，相信后面肯定会将热门内容和用户推荐的内容相结合来做分发，前期在优质内容较少的情况下，只做热门推荐也是没问题的，当内容和用户数据积累够多时，推荐自然而然就能做了。

（4）附近

附近类似于抖音、快手的同城，用户通过这个功能，可以获取附近人发布的视频。这里的内容相对其他3个功能下的内容，用户需求没有那么高，在信息的展示顺序上，也不单纯地以距离远近来进行推荐。

▶ 1.3.5 微信视频号的信息发布

微信视频号的信息发布非常简单，刚上线时，支持发布1个视频或不超过9张图片，从信息架构和层级的角度来说，降低了点击率。而后，微信视频号进行了一次改版，信息发布的范围有所扩大，除了可以发布原先规定的内容外，还增加了图1-14中的内容。

微信视频号在信息发布上的大力改版，是出于对内容生产者的尊重。由于剧情、传播的需要，很多内容生产者有同时发布多个视频或者长视频的需求。

之所以上线初期时不支持，是想降低普通用户的创作门槛，吸引更多用户。当用户积累到一定阶段后，对于内容生产者来说，绝大多数已经具备了相对专业的视频制作能力，如果想快速沉淀内容，数量、时长的限制将大大阻隔用户发布的意愿。

√ 支持同时发布不超过9个的视频

√ 支持播放时长60秒以上的长视频

√ 支持多个视频分段拍摄、剪辑

微信视频号没有专业的剪辑功能，这是微信视频号的短板，将在一定程度上降低用户的内容发布意愿，因此，它将

√ 将主页面的发布新动态入口折叠到次级页面

图1-14 微信视频号改版后增加的信息发布功能

焦点放在了内容的分发和推荐上面，有了对主页面发布新动态入口的调整。

改版后，将动态发布入口从主页顶部，折叠到"我的"二级页面，而首页顶部增加了"关注""朋友"和"推荐"3个tab，同时右侧新增"附近"功能。视频号动态发布入口，如图1-15所示，视频号"附近"功能入口，如图1-16所示。

图1-15 动态发布入口

图1-16 视频号"附近"功能入口

第2章

账号运营：
账号是门面，需要重点打造

　　大多数人在关注一个视频号时，一定是先看其账号。而人都有先入为主的心理，也就是说，只有该账号有干货，有价值，有特色，给我们留下比较好的第一印象时，才能吸引我们持续关注，进一步关注更多视频内容。

2.1
打造具有高识别度的账号

▶ 2.1.1 账号认证：强化识别，突出形象

微信视频号账号分为个人号和企业号，因此，在认证上也分为个人号认证与企业和机构认证。

（1）个人号认证

对账号进行认证，便于粉丝对账号有一个鲜明的认知和识别，一方面会使自身形象更为突出，另一方面会让他人更加容易地了解自己，增强对自己的信任度。具体操作步骤如图2-1所示。

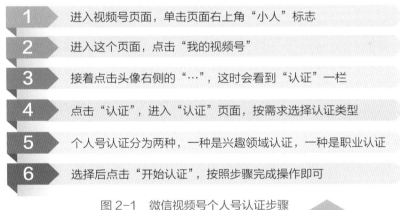

1 进入视频号页面，单击页面右上角"小人"标志

2 进入这个页面，点击"我的视频号"

3 接着点击头像右侧的"…"，这时会看到"认证"一栏

4 点击"认证"，进入"认证"页面，按需求选择认证类型

5 个人号认证分为两种，一种是兴趣领域认证，一种是职业认证

6 选择后点击"开始认证"，按照步骤完成操作即可

图 2-1 微信视频号个人号认证步骤

不过，对于个人号而言，认证必须符合一定的条件。个人号认证分为两大类，一类是职业认证，另一种是兴趣领域认证。职业认证包括运动员、演员、作家、音乐家等，如图2-2所示。

图 2-2 视频号（个人号）职业认证主体

图2-3　视频号（个人号）职业认证主体实例1

认证：演员

图2-4　视频号（个人号）职业认证主体实例2

兴趣领域认证通常为自媒体或博主号，比如，美食、旅行、科普、互联网等，如图2-5所示。

常见的实例有音乐博主小阿七、娱乐自媒体武空的功夫梦等，如图2-6、图2-7所示。

图2-5　视频号（个人号）兴趣领域认证主体

认证：音乐博主

图2-6　视频号（个人号）兴趣领域认证主体实例3

图 2-7　视频号（个人号）兴趣领域认证主体实例 4

按照平台的规定，申请兴趣领域认证要求符合3个条件，资格认证需要2个条件。

1）兴趣领域认证需要满足的条件

a.近一个月至少发表1条短视频。

b.账号简介必须填写完善。

c.粉丝达到500人以上。

2）资格认证需要满足的条件。资格认证只要符合兴趣领域认证的前2个条件即可，没有粉丝数量要求。

选择好认证类型后接下来就是填写认证资料，所需准备资料包括：真实姓名、手机号、身份证正反面拍照上传、证明材料、申请说明等，如图2-8所示。

图 2-8　视频号（个人号）认证应提交的资料

提交资料后，等待审核即可，认证成功后个人账号后方会出现黄V标识，如图2-9所示腾讯公关总监的个人认证账号。

图 2-9　视频号（个人号）认证黄 V 标识

需要注意的是，资格认证虽然表面上条件宽松，其实是外松内紧，因为平台对资格的审查要求还是非常高的，比如在职证明、聘用合同等。

节目主持人需要提供以下证明材料：

a.市级以上电视台全职主持人；

b.大型在线平台签约全职主持人，且获得一定影响力；

c.获得播音指导、主任播音员或一级播音员资格；

d.省级以上卫视或大型在线平台主持类综艺节目选手，成绩优秀。

企业高管需要提交以下证明材料：

a.在上市公司任职总经理以上级别；

b.在注册资本500万元以上的公司任职总经理级别以上；

c.获得A轮以上融资的创业公司创始人；

d.正规基金公司创始人。

另外，个人认证还可以邀请自己的好友辅助认证，但是好友必须满足两个条件：

条件一，认证身份和你申请认证的领域一致的视频号作者。比如你认证的身份是美食博主，那么辅助你认证的好友也必须是美食博主。

条件二，你们必须是已经认识超过3个月的微信好友。这与之前视频号推出的"邀请卡"玩法一样，从这点也可以看出微信生态对熟人社交推荐标签的重视。

（2）企业和机构认证

企业认证与个人号认证一样，都需要个人微信的实名身份认证，根据要求填写认证材料。不同之处在于企业认证需要已经认证的公众号管理员扫码确认，认证后出现蓝V标识，图2-10中为新华社认证标识。

图 2-10　视频号（企业和机构号）认证蓝 V 标识

（3）个人号认证与企业和机构认证后区别

个人号认证与企业和机构认证后的显示标识不同，个人号认证显示的是黄

V，企业和机构认证显示的则是蓝V。黄V认证后账号主页显示的是认证身份，蓝V认证后显示的则是认证主体公司名称。

黄V和蓝V在传播优势和其他特权上，就视频号当前的运营情况来看没有太大区别。不过，这只是视频号运营初期的一种特殊情况，参考成熟的自媒体平台认证体系，后期肯定会针对蓝V和黄V赋予不同的等级权益，这是大概率事件。

（4）视频号认证注意事项

视频号认证是个非常谨慎的事情，不可盲目做，以下3个小细节需要重视起来。

① 一个微信号只能认证一个视频号，尤其是选择企业认证，需要先确认好微信号。

② 一个公众号只能对应一个认证视频号，需要确定好公众号，这关系到日后的公众号链接。

③ 无论是个人号认证还是企业和机构认证，一个视频号只有两次申请认证机会，两次修改机会。

▶ 2.1.2 账号设置：精心设计昵称与头像

纵观那些火爆的、有着众多粉丝的自媒体账号，它们都有一个共同的特点，即有一个识别度较高的，令人耳目一新的昵称和头像。对于视频号运营同样如此，必须重视账号昵称、头像的设计。千万不可随心所欲，完全按照自己的感觉、兴趣去设置，有的人在昵称中采用字母、符号、数字，以及一些非主流信息，这样会使账号的营销价值大大缩水，我们来看几个这样的案例，如图2-11所示。

图 2-11　昵称和头像选取失败案例

那么，什么才是一个好的昵称和头像呢？需要符合以下两个原则。

第一，识别度高，能让账号在众多账号中被粉丝发现，并瞬间激发他们关注账号，浏览视频内容的欲望。

图2-12中的"才艺打碗阿喜哥"是一个识别度非常高的账号，含有"才艺""打碗""××哥"等多个易识别的词组。首先"才艺"一词运用得非常好，在各种视频号中，才艺就是一个受欢迎的大门类，有了"才艺"二字就满足了很大一部分粉丝的需求；其次，"打碗"又是一个比较罕见的才艺，达到了很好地区别于其他才艺展示类账号的目的，使其具有独特性；最后是"××哥"的运用，虽然有些非主流，但在自媒体平台上却是一种很热门的称呼方式。

第二，一定要能向粉丝传递出有效的信息，让用户通过头像和昵称就可以获取运营者的基本信息，如果是企业和机构账号，还能明确平台的性质、作用，如图2-13中的账号"科学亲子育儿"，就很明确地告诉受众这是一个育儿类视频号，主要阅读群体为宝爸宝妈，目的是传递科学的养育知识。

图2-12　"才艺打碗阿喜哥"昵称与头像　　　图2-13　"科学亲子育儿"昵称与头像

可见，账号的昵称和头像的选取、设计是非常重要的，能否很好地吸引粉丝，并向其传递有价值的信息，决定了整个视频号运营的成败。因此，在昵称拟写和头像的设计上必须讲究方法和技巧。具体有以下5个要点：

（1）直接命名

直接命名是指直接使用企业名称、品牌（产品）名称作为视频号账号的昵称，头像采用企业LOGO、企业名称变形或相关照片等的方式来直接表明视频号运营方身份的账号昵称与头像确定方法。如央视网、央视财经、新快报、广州日报、轻松筹等，图2-14为"广州日报"的视频号昵称与头像。

图 2-14　"广州日报"的视频号昵称与头像

（2）地域+企业名称（行业）

如果是服务于本地的企业，则可以在账号昵称中加上特定的地域，这样可以让本地的用户更有亲切感，如邓州有优团网、常熟8090生活网等，如图2-15所示。同时，还可以有针对性地吸引外地用户的关注。当然，如果企业的目标客户没有地域限制，昵称中最好不要加上地域标志。

图 2-15　"常熟 8090 生活网"昵称和头像

（3）行业（职业）+企业名称（人名）

头衔+人名（企业名称）的命名方式，目的是让用户一眼就知道账号是干什么的，以便能更好地定位目标人群，寻找到目标客户。如新媒体人××、整理师×××、手艺人×××等。图2-16中为手艺人×哥的视频号昵称和头像。

图 2-16 　"手艺人 X 哥"的视频号昵称和头像

（4）限定词+职业、行业

将内容中涉及的企业背景、人物、产品、服务等，以描述、夸张或拟人的手法间接地表现出来，如××教学、××舞蹈老师、××教练等。图2-17为缠论教学的视频号昵称和头像。

图 2-17 　"缠论教学"视频号昵称和头像

（5）沿用自身官网、微信、微博等处的名称来命名

有很多直播账号直接沿用了自己的微信、QQ或微博账号的昵称，或者是这些账号昵称的简单变形。这样的好处是便于用户加深运营方在微信、QQ处的记忆，将粉丝引流到微信、QQ、微博等平台上。

如京东JD.COM就直接在微信、微博使用同样的昵称、头像，并作为视频号昵称、头像，如图2-18所示。

图 2-18 　"京东 JD.COM"昵称和头像

通过设置昵称、头像等可给账号贴上个性化标签，体现个性化的风格和整体形象的延伸，强化企业、品牌在大众心中的形象。能够很好地向大众展示企业或品牌形象，给用户留下深刻的印象。同时，也有利于用户对账号的记忆、识别。

拥有一个账号简单，难的是对账号进行管理，只有有效地管理账号才能使它更有个性，更有特色，识别度更高，在成千上万个账号中脱颖而出。这就需要运营者用商业思维去管理账号，就像对产品进行包装一样，让账号不仅仅是一串数字或字母，而是企业的门面、产品的缩影。

▶ 2.1.3　账号设置：认真撰写账号个人签名

在账号的整个认知体系中，个性签名是非常重要的，重要性是仅次于头像、昵称的。很多人认为，个性签名是昵称的延伸，昵称中没有解释清楚的可通过简介来弥补，如图2-19中的音乐小屋，昵称只是对账号进行了大致的定位，但具体有什么功能，还需要在个人签名中进一步写明。

图 2-19　"音乐小屋"微信视频号账号

从这个角度看，没有个性签名的账号是不完整的，会阻碍粉丝对账号的进一步了解。

那么，如何撰写个性签名呢？最核心的一点就是要根据账号定位来写。个人简介要注意账号的定位，而且至少要突出账号的2~3个特点。

如果没有特别好的想法，不妨尝试一下下面的万能公式：

角色+擅长的领域+结果

这个公式可以很好地凸显人物特性。角色是指账号的运营者或运营主体；擅长的领域写能做什么或正在做什么；结果写已经取得的成绩。图2-20的"育儿网"账号就采用了这种思路。

上面这个公式可以用于任何场景，当你实

图 2-20　"育儿网"账号简介

在没有好的想法的时候不妨用这个公式去套，一定不会犯大忌。

另外，在撰写个性签名时，还有一些注意事项。

（1）注意显示的长度

个性签名必须简单明了、一针见血地告诉粉丝你这个账号是干什么的，提取一两个重点在里面。避免冗长，过长一是不利于用户阅读和记忆，二是有一部分无法显示出来。通常来讲，每行比较理想的字数是5~10个字，最佳行数是3~6行，如图2-19所示的"音乐小屋"账号。如果只有1~2行，每行的字数不限。

（2）倾向于内容

个性签名要倾向于内容，而不是结果。很多账号在撰写时恰恰都是在强调结果这一点。

例如，万小姐是做服装带货的，账号个性签名是"服装大量批发，量大优惠更多"。这是一个典型的倾向于结果的内容，再加上广告性很强，效果往往不好。

如果改成倾向于内容的签名，可以写成"爱搭配的万小姐"，爱搭配已经体现出了服装行业，大家一看就知道你这个账号是服装带货账号。

（3）排版整洁

由于个性签名字数有限，因此排版也比较简单，主要为了突出层次感，增加可读性。适用于字数比较多的情况，假如只有一行，也就不存在排版问题了。

简介有多行的话，每行的字数设置是关键；同时，文字中也可以加入表情、符号等非文字元素，丰富版面、强化可读性。

每行字数设置要求平衡性或金字塔形。比如，一共有三行，那么三行的字数可以相等，也可以逐步增加，即第二行字数比第一行多，第三行比第二行字数多。

⏵2.1.4 账号设置：精心选择主页背景图

主页背景图是视频号账号中非常重要的组成部分，当粉丝打开账号，第一眼看到的往往就是背景图。这张图决定着粉丝对账号的第一印象，利用好这张图，可以轻松提升粉丝数量，因此，选择合适的背景图也显得异常重要。

好的主页背景图是账号运营工作的主要内容，对于账号引流具有十分重要的作用，具体体现在以下4个方面，如图2-21所示。

展示账号定位
和品牌调性

对账号信息进
行补充性介绍

强化运营者自
身IP和形象

引导粉丝继续
关注账号

图 2-21　好的主页背景图的作用

（1）展示账号定位和品牌调性

背景图对于账号而言，就像一本书的"封面"，具有广告的作用，目的就是集中向粉丝展示账号定位、品牌调性。如图2-22的账号"舌尖武汉"，一张爆炒小龙虾的背景图片，既能与账号的定位——"舌尖"完美地呼应起来，又能体现出武汉的美食特色。

图 2-22　"舌尖武汉"　　　　图 2-23　"李玫瑾说育儿"
账号背景图　　　　　　　　账号背景图

（2）对账号信息进行补充介绍

背景图作为一个账号中最抢眼的部分，还具有二次介绍的作用，尤其是对于头像、昵称中无法体现的信息，背景图可以进行很好的补充，如图2-23的账号"李玫瑾说育儿"，由于想要凸显的信息量较大，昵称、头像无法完整地展示出来，因此，只能让一部分信息以背景图的形式出现。

（3）引导粉丝继续关注账号

背景图还可以起到引导用户关注的作用。具体的引导方式是利用有趣的图案、话术为用户提供心理暗示，促使粉丝进一步关注账号。如图2-24的账号"简单一画"，背景图就是非常简单的一句话，带有非常强的煽动性。

（4）强化运营者的自身IP和形象

强化运营者的自身IP和形象适合想要通过视频号打造个人形象的IP账号，以加深自己在用户心中的印象。很多真人出镜的账号都是这样做的，因为运营者自身就是账号代言人，如图2-25的账号"优创短视频学院"就是以个人照作为背景图的。

图 2-24 "简单一画"
账号背景图

图 2-25 "优创短视频学院"
账号背景图

上述所讲的背景图的4个作用，也可以理解为背景图的4个选择原则。既要能体现账号定位和品牌调性，又要能对账号信息进行有效的补充，还要能引导粉丝进一步关注账号，并能强化运营者自身的IP和形象。

另外，在选择账号主页背景图时还有3点注意事项，具体如下：

① 背景图要美观、有辨识度、有专业性。

② 背景图颜色与账号头像颜色及账号主体风格保持一致。

③ 把想要传递的信息置于背景图中心位置，这是因为背景图会被自动压缩，只有下拉时才能看到全部内容。

▶ 2.1.5 账号运营：围绕人设确定内容生产方向

对于企业而言，运营视频号最终目的是为了变现，那么，如何更好地变现呢？这就需要在运营初期就做足准备工作，搭建"人设"，围绕人设确定视频内容方向。

人设，是账号确定自身调性和风格的基础，也是视频内容保持方向性的基本保证。是让你的账号从众多千篇一律的账号中脱颖而出，牢牢抓住用户的注意力的方法。因此，运营者必须先设定人设，然后围绕人设确定账号风格和内容生产方向，本着垂直化的原则，瞄准一个领域做精做细做到极致。

比如，运营一个文学类账号，账号就要与文学有关；一个宠物类的账号，账号内容应与宠物相关；一个店铺类账号，账号内容应当以店里的日常为主。只有这样高度垂直的内容，系统才会给视频打上相应的标签，内容垂直程度直接影响到视频的曝光量和粉丝的增长。

▶ 案例2

"都靓读书"是一个文学博主账号，该账号的内容专注于文学名著的分享，运营者每天向粉丝分享对一本名著的解读视频，而且从封面到内容都特别有仪式感，如图2-26所示，吸引了一大批文学爱好者。

图 2-26　"都靓读书"视频封面

那么，应该如何打造视频号账号的人设呢？可以从以下3个方向入手。

（1）赋予特定标签

人设即为标签，所以想要让粉丝快速识别自己的账号，并对账号进一步关注，最有效的方法就是为自己的作品贴上标签。

例如，微信视频号有很多美妆类账号，它们的人设都有所不同，技术流做技术，跨界王做跨界，产品控做产品测验，普通消费者则主要是分享经验。为了进一步锁定粉丝，不同的人设账号，需要赋予不同的标签，具体如表2-1所示。

表2-1　微信视频号账号人设定位

账号定位	人设	标签（部分）
有专业知识的人	技术流	美妆资深党、变脸手法、整容级化妆教程、 解析明星妆容 、仿妆控
时尚达人	跨界王	被演艺事业耽误的美妆博主、 不会唱歌的演员不是好博主
美妆产品生产、销售者	产品控	成分控、亲测党、科学护肤不踩雷、无滤镜亲测、肤质解析、成分分析
普通消费者	职业角色	化妆师、优雅知性白领、都市丽人、晒货达人

（2）打造明确的辨识度

明确辨识度，就是你要易于他人识别，区分你与他人不同点的明显的标识。在辨识度的明确上只需要解决3个问题：我是谁？我是干什么的？他人为什么喜欢我？具体如表2-2所列。

表2-2　微信视频号打造明确辨识度应该解决的3个问题

问题	详解
我是谁？	明确账号人设定位是否清晰，是否是一个有潜力的IP
我是干什么的？	明确自己要干什么，知道自己的用户是谁，以此选择IP的发展方向和类目
他人为什么喜欢我？	想清楚自己的长处在哪里，选择自己最有优势的赛道

打造视频号人设，一定是要基于自身优势、特长，做自己擅长的事情。同时，可以强化自己的专业度，为粉丝带来更好的体验。

（3）打造差异化

差异化是打造人设最重要的一点，也是我们常说的"消重"。平台上相同题材的视频很多，要想体现出与同类视频的不同，就必须在人设中增添一些与众不同的元素。

那么，如何体现人设的差异化呢？需要在同一题材或特定题材的基础上做好"三化"，即放大化、重复化、持续化，如图2-27所示。

图 2-27　打造人设差异化 3 要点

有了这"三化"就很容易在用户心中形成一个记忆点。需要注意的是，"三化"的前提是账号必须深耕同一题材或特定题材。

① 放大化，即强化内容，最好能固定人设的某一属性。

② 重复化，是指深入了解用户需求，深耕同一题材，找出亮点。

③ 持续化，是指在同一题材的基础上，持续大胆挖掘，做出不同侧重点的视频。

有的人认为做到这"三化"比较困难，如果做不到，也可以再简单一点：找准一个点。这个点可以是一句话，也可以是具有特色的外表，然后持续性输出即可。

2.2
确立账号运营类型

▶ 2.2.1 个人号：以打造博主、主播、自媒体为主

个人号是区别于企业号的一类账号，账号运营主体是个人，例如博主、主播，或以打造个人IP为主的自媒体人。尤其是自媒体人，在视频号中是相当庞大的群体，按照微信视频号的细分领域，足足有39个自媒体类型。例如，互联网

自媒体、科技自媒体、科普自媒体、教育自媒体等，具体如图2-28所示。

图 2-28　微信视频号中的自媒体类型

平台对个人号的限制较少，内容涉猎面广，在不违背平台内容规定的前提下，完全可根据自己的需求、兴趣拍摄短视频内容，在玩法上也相对多样；可认证，可不认证，认证后的个人号可以获得更多的权限。所以，如果想打造一个有影响力的账号，最好还是认证。

▶2.2.2　官方号：以输出口碑、提升企业形象为主

官方号是纯粹的企业号，主做品牌，用以口碑输出、扩大产品及品牌的曝光度、提高产品的知名度和转化率。

与个人号不同，官方号有它相对固定的"任务"，要求所发的短视频，最好为品牌和产品创造一些仪式感，且要与产品符号、品牌特性相符，同时又易于在微信视频号中传播。

在微信视频号中企业号需要先认证，认证后运营者可享有更多的权限。认证的步骤如图2-29所示。

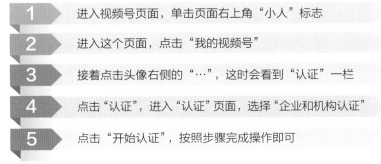

图2-29 微信视频号企业号认证步骤

▶2.2.3 营销号：以吸引粉丝，扩大曝光度为主

营销号以做引流为主，主要是通过发布特定的信息，或仅发布商业广告来吸引粉丝，一般不直接卖产品或提供服务。运营主体通常为个体工商户、企业及少数自媒体人。

一提到营销号，大多数人都有这样的印象：模式千篇一律，内容质量普遍低下。其实，这是对营销号的误解，营销号本身是一种正常账号类型，目的是为最终的营销做引流，只不过被一些急功近利者或利欲熏心的人给做坏了，导致大众对营销号丧失了信任。

所以说，做营销号是有很多禁忌的，作为运营者必须谨慎运营。不能触碰平台红线，不能被打上僵尸号、低质量账号的标签。视频内容不能超出平台允许的范围，不做虚假营销，不过度营销。一旦影响到正常网络秩序，造成不良的社会反响，就会遭到平台的处罚和法律的制裁。

那么，如何做好营销号呢？其实，只要把握好一点即可，无论做哪个行业的营销号都有一些共性：做高质量的内容，提供有价值的信息。现在的营销号基本都是做内容，靠内容去吸引粉丝，让内容发挥引流的作用。

（1）确保信息的价值

很多营销号之所以被大家认为是鸡肋，就是因为其提供的内容没营养、没干货，甚至是虚假的、不存在的。做营销号，最基本就是确保信息是有价值的，能让粉丝从中看到、学到或得到需要的信息。

（2）确定服务人群，根据用户需求做内容

营销号与普通号最大的不同就是它的特定性，任何一个营销号都有自己精准的用户群体，有的甚至很小众。鉴于此，在内容上也必须与用户需求高度一致，以保证用户获取更有用的信息。

（3）围绕营销目的，做最精准的引流

营销号虽然不直接售卖产品或提供服务，但所有的内容都必须指向最终的目的：让粉丝在看视频的过程中了解产品，提高转化率，如图2-30所示。

图中视频表面上是两个人在打闹，但认真看剧情，就会发现作者一直将大众的目光往他们身上的衣服上引。

图2-30　营销号视频内容的指向性

第3章

视频规划：
内容是核心，需要科学规划

很多网红往往是在红极一时后，很快就销声匿迹了，就是因为对视频内容缺乏长期的规划，以致发的内容很杂，无法持续输出。要想打造高质量的、长期受粉丝关注的视频号，内容是核心。运营者要对视频内容进行科学、有效的规划，即保证视频稳定有效输出。

视频拍摄前的3个"分析"

▶ 3.1.1 分析视频号的产品逻辑

任何一个短视频平台，从运营角度看其实都属于"产品"体系，而且由于定位的不同，有着自身的特色。例如，抖音、快手、B站等都是短视频平台，它们各有特色，根本原因就是产品逻辑、定位不同。因此，想要运营好某个平台，必须了解其产品逻辑。

不了解视频号产品逻辑，不进行有针对性地规划，肯定运营不好。即使你是网红、大咖，如果单纯地以运营抖音的思路去运营视频号，也不会取得好的效果。

因此，我们在运营微信视频号时必须先从宏观上充分了解它的产品逻辑，明确地知道什么是视频号，以及与抖音、快手等这些短视频平台有哪些差别。

对微信视频号进行分析，还得先从它的诞生谈起。众所周知，微信的价值观是"再小的个体，也有自己的品牌"，微信视频号作为微信的附属产品，在价值观上是有一脉相承之处的。按照张小龙最初对微信视频号的定位，那就是将其做成一个"人人皆可创作的平台"。

"人人"是指任何机构、媒体、个人。对此，很多人可能会问，那这个平台不是人人可以创建，这是什么定位呢？这需要结合另一个重点词语——"创作"来理解。"创作平台"才是微信视频号对自身的定位，微信视频号是一个面向内容创作者的平台，而不是一个内容消费平台。

微信视频号重点打造内容创作平台，它不直接消费内容，而是以高质量内容带动消费。生产内容和消费内容是一个闭环，一个短视频平台要想健康运转，就需要有人生产内容，也需要有人消费内容。但微信视频号在生产内容与消费内容的分配机制上有些特殊。根据二八定律，一个平台往往是20%的人生产内容，80%的人消费内容，大部分平台都是遵循这个定律。

而微信视频号则相反，更倾向于80%的人生产内容，20%的人消费内容，可以说是实至名归的内容创作平台。

由此可以得出，微信视频号的产品逻辑是先将能够创造价值的一批人聚集在一起，然后让他们创作内容，服务于各自的受众。然后，依托于微信的十多亿用户体量，进行内容消费。产品逻辑路径如图3-1所示。

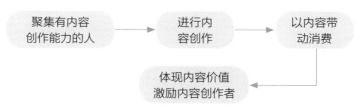

图 3-1　微信视频号的产品逻辑

这也决定了微信视频号与抖音、快手等平台的底层逻辑就不一样。视频号坚持以产品为王，而不是运营至上，坚定地服务于生产内容的生产者，而不是消费内容的消费者，这正是与抖音、快手的最大区别所在。

反观抖音、快手等短视频平台，由于产品定位偏轻松、泛娱乐，所以吸引来的广大用户很多是进行内容消费的，寻求心理慰藉、情绪的释放或消磨时间。抖音的算法也是基于此，目的是为了让用户能够看到自己喜欢的视频，能够看得更愉快，停留更久。其实，这样的定位势必会导致一个问题：即内容质量参差不齐。为了解决这一问题，抖音的做法是辅以精准的运营。因此，抖音、快手这类泛娱乐类短视频平台是以运营为主，产品为辅。

经过对比分析得出，在微信视频号做视频必须坚持高质量的内容输出，坚持原创性、独特性、趣味性，即使无法100%原创也要做出特色，总之不能出现大量同款视频。

▶ 3.1.2　分析目标受众的行为

无论对产品还是对运营者，对用户行为进行分析是非常有必要的。做好用户行为分析能帮运营者明确运营方向，抓住用户需求。那什么是用户行为分析呢？所谓用户行为分析，就是通过对用户数据的搜集、统计、分析，从中发现用户观看视频的规律，并将这些规律与短视频内容拍摄、策划、发布以及营销等环节相对应，以优化用户体验、实现更精细和精准的运营与营销，让视频获得更好的传播。

一般来讲，对用户行为进行分析是为了解决7个问题：5W2H，如图3-2所示。

图 3-2　5W2H 用户行为分析法

解决了以上7个问题，就可以明确目标用户，拍出更有针对性的视频。微信视频号的用户定位，其实可以参考微信用户的定位。因为视频号的推出是为了弥补微信对于承载图片、视频内容方面的缺失。按照微信官方打造视频号的思路，它的出现是为了与微信朋友圈、公众号相互联系，形成完整的一个生态闭环，如图3-3所示。

图 3-3　微信生态闭环

微信视频号将直接享受微信的十多亿用户流量，其用户与微信用户将会高度重叠，因此，分析视频号用户，某种程度上需要以微信用户行为为基础。

（1）用户画像分析

为了对精准地描绘出微信视频号的用户画像，我们在这里采用百度指数这一数据分析工具，对2021年5月1日至5月31日这一期间的用户数据进行分析。具体包括4个层面的数据。

① 地域分析，如图3-4、图3-5所示。

省份	区域	城市
1. 广东		
2. 北京		
3. 浙江		
4. 江苏		
5. 上海		
6. 山东		
7. 河南		
8. 四川		
9. 河北		
10. 湖北		

省份	区域	城市
1. 北京		
2. 上海		
3. 广州		
4. 深圳		
5. 杭州		
6. 成都		
7. 武汉		
8. 重庆		
9. 南京		
10. 郑州		

图 3-4　微信视频号用户地域（省份）分布图　　图 3-5　微信视频号用户地域（城市）分布图

② 性别分析。微信视频号用户男女性别比分别为61.42%和38.58%，如图3-6所示。

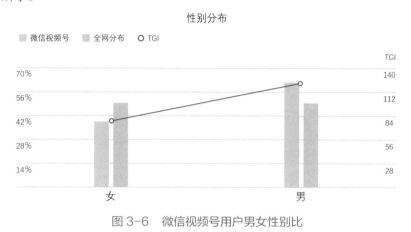

图 3-6　微信视频号用户男女性别比

③ 年龄分析。年龄段分为5个，分别为19岁以下占3.68%；20~29岁占54.73%；30~39岁占33.94%；40~49岁占6.15%；50岁以上占1.5%，如图3-7所示。

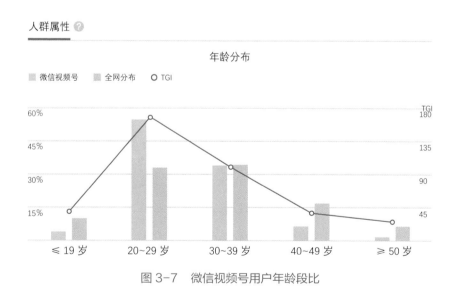

图 3-7　微信视频号用户年龄段比

④ 兴趣爱好分析。兴趣爱好分为10个方面，分别为影视音乐（98.44%）、软件应用（97.66%）、资讯（96.39%）、教育培训（96.31%）、书籍阅读（94.14%）、医疗健康（93.59%）、休闲爱好（93.56%）、家电数码（93.15%）、金融财经（92.97%）和旅游出行（91.74%），如图3-8所示。

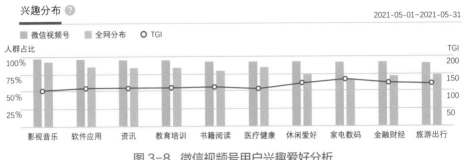

图 3-8　微信视频号用户兴趣爱好分析

（2）微信视频号内容分布

在内容分布上，微信视频号的态度没有其他平台那么"明确"，没有严格地按类型划分。我们只能根据所播放内容进行抽样分析，得出这样的结果：微信视频号的品类大致可分为7个一级品类，28个二级品类，具体分类如表3-1所列。

表 3-1　微信视频号品类总表

知识类	生活类	娱乐类	明星类	教育类	才艺类	其他
历史	汽车	二次元	演员	校园	唱歌	政务
心理	美食	高效	歌手	家庭教育	跳舞	商业
母婴	旅游	游戏	其他名人	培训	画画	泛内容
情感	手工	段子			自拍	
	美妆					
	摄影					
	穿搭					

▶ 3.1.3 分析视频播放后的预期效果

开通微信视频号有的人是觉得好玩，有的人则有明确的目标，就是为了提高品牌曝光度、产品销量或分析引流。如果是个人玩家，可兼具两者，如果是企业运营人员则必须以目标为导向，明确自己做这个账号的目的是什么，为什么而做。

然后，再回到短视频上来，不管你最终目标是哪一个，我们必须会判断，短视频是否达到了自己的预期目标。

在这点上，很多人习惯以播放量为判断标准，喜欢把目标定为多少播放量。其实这是一个误解，我们要清楚，提高播放量的真正目标是什么，是否必须要达到这个数值。其实目标归根结底要放在完播率、点赞量和收藏量上。之所以这样讲，是因为短视频的播放量往往就是由这几个指标决定的。

完播率、点赞量和收藏量与播放量是成正比的，完播率越高，点赞量、收藏量越高，平台会判断视频内容很受用户的喜欢，这个时候就会增加对视频的推荐量，你的播放量也会随之增加。

因此，看短视频是否达到了预期目标，首先必须分析视频的完播率、点赞量和收藏量，这些数据不好，视频内容相当于没有传播出去，没有让更多的人看到。完播率、点赞量和收藏量可以归纳为影响头条推荐指数，如果这3项指标上去了，视频播放量往往也会不错。虽然不能保证这几项指标上去了，一定会出爆款，但是起码可以保证播放量能够稳定在10万以上。

企业做微信视频号，与个人相比还是有很大区别的，最大的区别就是必须对目标进行分析，看是否能达到预期目标，达不到的话又该如何提升。个人做微信视频号随心、随意，想怎么玩就怎么玩，因为大多数人并没有明确的盈利目标。而企业做则不一样，必须有一个以盈利为主的目标，是卖产品、品牌曝光，还是吸粉引流？是实现某一个目的还是多重目的？必须明确起来。

换句话说，就是在正式做微信视频号之前，必须设立预期目标，而且这个目标必须具有可操作性，并必须对产生的效果进行分析。

视频拍摄中的内容定位

▶ 3.2.1 流量转化：通过引流快速获得粉丝

做微信视频号需要对视频内容进行精准定位，即所要面向的受众群体是谁，向受众传递哪些信息等。从内容性质看，大致可分为4类：分别为展现企业和品牌形象；为用户提供产品和服务；向用户普及与产品或服务相关的知识；与用户互动，增强用户忠诚度。企业做微信视频号，很重要的一个目的是为了引流，通过流量转化实现商业变现。这就需要将微信视频号打造成一个以引流为主的平台。那么，具体应该怎么引流，可以采用图3-9中的5种方式。

图 3-9   微信视频号引流的方式

（1）公众号文章引流

公众号文章引流是指在视频下方的文案中直接添加"公众号文章链接"，如图3-10所示。需要注意的是需提前先编辑好公众号文章，并成功发布。

图 3-10   微信视频号上的公众号文章链接

（2）#话题#引流

网络上每天会产生大量热门话题，这些话题会形成视频的基本素材。巧妙地与这些话题挂钩会大大增加视频的曝光率。#话题#引流在新媒体引流中是常用的一种方式，当话题比较有吸引力时，尤其是热门话题，就很容易吸引大量的关注，引发讨论，从而实现流量转化。

　　微信视频号下方有"#话题#"标签，发布视频时在标签处直接添加话题即可，如图3-11所示。这样，粉丝在观看视频时点击话题就能看到相关话题。

（3）@其他视频号引流

　　@其他视频引流是指在发布视频时@其他好友，假设有两个微信视频号分别为A、B，A和B互相@，若是A微信视频号上了热门，自然会引流到B微信视频号上去，相当于互推引流，如图3-12所示。

图 3-11　微信视频号上的话题　　　　图 3-12　@其他视频引流

（4）互推引流

　　互推引流是两个账号之间相互推广自己，达到涨粉引流的效果。需要注意的是，要找与内容相关联的账号，互相点赞或转发。例如，做音乐的微信视频号与影视剪辑的微信视频号互推，做萌宠的与搞笑的互推，如图3-13所示。

（5）评论引流

　　评论引流这种方法可以说是有利有弊，优点是成本低、不限量，可以持续去做；缺点是不够精准，无法确认哪些人是有需求的客户，哪些是没需求的，因此只能先吸引过来之后，再慢慢转化。

在评论前应尽量找准有需求的人，提高评论的质量，以获得更多博主和观看者的点赞。在微信视频号中，一条评论获得的赞越多，排位便会越靠前。当你的评论排在第一位时，就会随同附在视频的下面，这样的评论可以说是热门评论，在引流方面是相当有力的，如图3-14中的"儿推网ertui.wang齐阿敏"对于图中视频的这条评论就是一个这样的案例。

需要注意的是，如果有必要最好将自己微信昵称、微信视频号昵称与要推广的品牌、产品保持一致。这样当评论发表成功之后，你的品牌或产品名称就一起展现在了评论中。这样，当其他用户看到评论之后就相当于获取了这些信息。

图 3-13　微信视频号相互引流

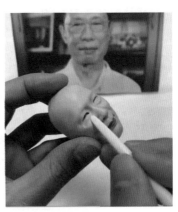

图 3-14　微信视频号评论引流

▶ 3.2.2 售卖产品：直接在平台上卖产品

企业做微信视频号营销主要目的是拓宽产品销售渠道，让更多消费者认识产品、了解产品，进而购买产品。例如，拼多多、京东、阿芙精油、电商网等就是在微信视频号上直接展示产品，以此吸引潜在消费者。

> ### ▶ 案例1
>
> 京东微信视频号官方账号"京东JD.COM"，其大部分视频内容都是展示自己的线上产品，如图3-15中所展示的是一款黑科技电动窗帘。
>
> 图 3-15　京东在视频上展示产品

在传播效果上，短视频的效果要远远好于图文，因此利用微信视频号对产品进行售卖，效果会更好，更易被消费者接受。尤其是在趣味性和时效性上会得到大大提高，大多数人宁愿看10遍视频，也不愿意看一遍图文文章。

由此可见，将微信视频号作为售卖平台有很大的优势。对于企业而言就可以在最短的时间内，以最高效的方式、更低成本将产品展示给粉丝。

需要注意的是，在展示产品时要注意体现产品的特色、优势。在呈现产品特色和优势时，具体可以采用以下4种方法，如图3-16所示。

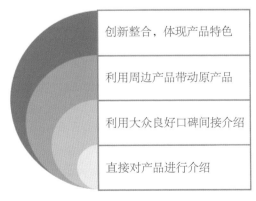

- 创新整合，体现产品特色
- 利用周边产品带动原产品
- 利用大众良好口碑间接介绍
- 直接对产品进行介绍

图 3-16　利用微信视频号来进行产品展示的方法

（1）直接对产品进行介绍

如果产品有很高的知名度，或者已经被大众熟知，是可以采用直接展示和介绍的方式。包括产品功效、使用步骤、使用方法等，简单明了地告诉粉丝，效果往往更好。例如，阿芙精油，如图3-17所示。

（2）利用大众良好口碑间接介绍

产品好不好最好从粉丝的口中说出来，大众口碑的力量是非常大的。比如，可以拍一段消费者抢购、消费中体验或消费后反馈的视频，从侧面体现产品的受欢迎程度。

例如，上海某公寓售卖处，经常在视频中晒与客户洽谈的情景，如图3-18所示，火爆的场面似乎就是在提醒更多人："我的楼盘很受欢迎，还不赶快行动吗？"

图 3-17　阿芙精油直接　　　　图 3-18　某售楼处体验
介绍某款产品　　　　　　　营销视频

（3）利用周边产品带动原产品

周边产品是指与原产品相关的产品，在交易时与原产品同时交付。周边产品十分多，比如，一款国货数码产品，可以延伸出带有国货特色手机壳、鼠标垫等，与原产品的周边产品一同销售，如图3-19所示。

这类方法适用于产品与同行竞品相差不大时，当与竞争对手之间没有太大优势时，可以尝试从周边产品下手，这叫策划周边，侧面呈现。

（4）创新整合，体现产品特色

在这个产品泛滥的时代，产品的同质化非常严重，很多没有特色的产品就像没有根的浮萍，随波逐流，最后被淘汰。这时就需要做好创新和整合，体现产品特色。产品特色是决定用户接受度，以及用户黏度系数的重要部分，它就像一面旗帜，具有标注性，能够给人们带来凝聚力。

这也为品牌、产品在短视频平台上展示、呈现自己提供了一种思路，那就是聚焦产品特色，将产品创新、整合的过程体现出来。

例如，有很多网友自创海底捞底料，搭配新颖、味道独特，如图3-20所示。这些大众自创底料比海底捞本店推出的都受欢迎。于是，海底捞顺应了大众需求，整合了众多网友的方法，推出了特别版底料套餐，大大带动了本店火锅的销量。

图 3-19　利用周边产品带动原产品

图 3-20　微信视频号上海底捞网红吃法

▶ 3.2.3 知识分享：通过知识间接推广产品

微信视频号的本质是内容，目的是促进人与人之间信息的交互、交流。因此，千万不能将微信视频号单纯地当作一个产品售卖平台。毕竟，大众看视频的目的并不只是为了消费，还有获取某方面的信息、了解有关知识的需求。

因此，在进行微信视频定位时，还有一个方向，就是将其定位为一个供用户学习、沟通的平台，带动知识的传播，满足用户信息获取的需求。在满足用户信息需求的前提下，间接推广产品，带动消费，实现最终目的。

例如，保险公司可以围绕保险产品，普及一些相关知识；做美甲的可以教粉丝美甲的方法和技巧。

▶ 案例2

图3-21中是一个专门做美甲的商家，视频内容是教用户自己做美甲的方法，目的是推销美甲工具和美甲油。

图 3-21　美甲教学视频

纵观各大短视频平台，知识类内容正在成为"新宠"。以传播知识为主，产品销售为辅的这种方式，不仅能全面展示产品，还能与用户深入交流，迎合粉丝内心需求。

知识类内容大致可以分为6大类，具体如图3-22所示。

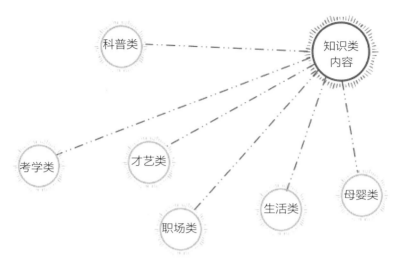

图 3-22　知识类内容类型

搭建一个知识分享型平台，就是为了让大家聚在一起交流和学习。在这个过程中，主播就是组织者、粉丝的服务者。在一个组织中，或者说群体中，一名优秀的组织者、服务者，自然是焦点，万众瞩目。当所有的目光都聚集在这个点上时，这个点的品牌力、影响力自然会得到提升。

▶3.2.4　互动交流：维护用户关系，强化用户黏性

众所周知，用户资源是企业最重要的资源，任何企业无论规模大小，实力是否雄厚，如果不重视用户，那么很快就会失去发展的动力。在短视频行业，用户又叫粉丝，支撑短视频生存与发展的就是粉丝，没有粉丝的关注，视频拍得再好也没人看，更无法变现。

在微信视频号运营上，也需要懂得如何维护与粉丝的关系，这一点非常重要，需要重视起来，多与用户互动、交流。

家常菜在日常生活中再普遍不过了，但为什么在视频号上就会变得异常有趣呢？这就是有互动的作用。比如，我们在家做是自己"独享"，最多一家人吃，而在短视频中，同样一道菜可能就是千千万万的人在"共享"。而且在共享的过程中，有各种各样的声音，有赞美、经验分享、改进建议等，这些声音既有利于视频的进一步优化，也可以给我们心理上带来满足和成就感，如图3-23所示。

在短视频上，为什么仅一道菜就能吸引十几万、几十万粉丝关注呢？原因就是有了互动，互动带来的附加值大大高于视频本身。所以，做微信视频号一定要重视与粉丝的互动。

增加用户黏性的方法如下。

（1）做细分内容

视频号视频有很多细分领域，每个细分领域聚集的人依据感兴趣的内容形成了一个个社交圈，每个细分就是一个社交圈，圈中聚集着大量有共同兴趣爱好的人。比如美食，美食在视频号上是非常重要的一类内容，有的账号仅仅用一道道家常菜就吸引了一大批忠诚粉丝。

（2）回复粉丝的留言

图3-23　视频下的各种评论

粉丝给视频留言，就是表达了与你互动的意愿，这时最好能及时回复粉丝的留言。如果无法做到每条都回复，也可以做统一回复，然后做置顶。或者，利用"赞"表明自己的态度，目的只有一个，就是让粉丝感到视频背后的温度。

（3）提高粉丝参与性

这点其实很好理解，就是让粉丝直接参与到视频内容中来，一是提高粉丝参与度，二也可以为自己节目选题提供更多参考。

结合以上分析，我们得出一个结论，做营销的本质是搞好与粉丝的关系，搞好与粉丝的关系自然就有了客户。从现代营销发展趋势来看，卖东西不能再直接吆喝，而是需要互动、谈感情、拉关系。

现在是一个用户至上的时代，用户买的不仅仅是产品，还有心理感受。从这个角度看，做微信视频号也必须回归社交，将其定位为一个社交平台，打造一个企业与用户交流的基地，让所有人都可以畅所欲言，表达自己的观点、看法和想法。

视频拍摄后的发布技巧

▶ 3.3.1　添加字幕，丰富信息的定位传递

一条爆款短视频，除了需要精雕细琢内容外，还需要给粉丝营造更好的观看体验，在短视频上添加字幕能大大增强观看体验。

为视频添加字幕，一般有两种方法，一是使用平台自身的字幕添加功能，另一种是借助第三方工具。

（1）平台自身的字幕添加功能

目前主流短视屏平台中都有字幕添加功能，微信视频号同样有这个功能，如图3-24中被圈出的T字图标，同时也能对文字的字体、大小、颜色进行编辑，如图3-25所示。

图 3-25　微信视频号字幕编辑功能　　图 3-24　微信视频号字幕添加功能

（2）借助第三方软件

微信视频号上字幕添加的编辑功能非常简单，只能满足创作者的基本需求。如果想要更好的字幕效果，可以借助第三方工具。

① 导入视频。借助第三方工具首先需要先下载该软件，将视频导入到软件中。视频的导入又可以分为两种方式，如图3-26所示。

② 字幕的录入。接下来是将字幕录入进去，字幕的录入也有两种方式，一种是事先准备好文案，用复

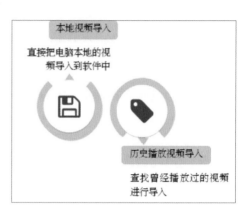

图3-26　短视频导入第三方
平台的两种方法

制、粘贴或手写的形式录入；另一种是对原视频语音进行转化与切分。

语音转化与切分可以自动添加。一般来讲，每个字幕软件都有自动识别语音转文字的功能。需要注意的是，有些时候在转化的过程中会出现错别字或无法识别的情况，那是因为视频在录制的时候，配音人员发音不标准所致。还有一个原因，并不是所有字幕拿来就可以使用了，有时需要调整修改，或者根本没有字幕，所以还需要对转化过来的文字进行校对。

③ 字幕的设置。在录入字幕之后，就是给字幕添加一些特效，比如字体、颜色、字幕的呈现方式等，全部设置好后直接导出视频，一个带有字幕的视频就编辑好了。

▶ 3.3.2　添加音乐，动人心弦的必然选择

添加背景音乐可以让视频更加有吸引力，那么，背景音乐应该如何添加呢？接下来介绍一下具体的方法。

① 进入拍摄界面，点击拍摄或从相册选择已经拍摄好的视频；

② 完成以上操作之后，界面底部会出现一个音乐选择界面，如图3-27中圈出的🎵图标，可以直接搜索音乐，也可以选择推荐的音乐；

③ 选择好音乐之后，点击右上角的"发布"按钮，就可以在视频中添加好

背景音乐并且发布出去了。

　　微信视频号中的推荐音乐较少，很难匹配到合适的。这时，可以以搜索的方式直接搜索想要的背景音乐。需要注意的是，搜索前需要事先知道背景音乐的歌名、歌词或关键词，因为这里仅是一个简单的搜索功能，如图3-28所示。它不像抖音有"发现音乐""收藏音乐"版块，里面会推荐热歌榜、流行、原创等不同分类的音乐，可供创作者选择。

图 3-27　微信视频号上音乐选择键　　　图 3-28　微信视频号上音乐搜索栏

　　微信视频号背景音乐这样的搜索模式虽然增加了搜索难度，但同时也增加了精准度，有利于创作者一键式找到自己喜欢的音乐。

▶ 3.3.3　确定封面：选择最吸睛的封面

　　封面在视频中有着至关重要的作用，是展示视频、吸引粉丝的第一要素。所以，在发布视频的时候必须把封面确定下来，将视频中最优秀的一帧呈现出来，既能提升视频的美感，又能吸引粉丝，获得更多流量和播放量。

▶ **案例3**

　　一个微信视频号账号为"Excel小技巧"的教育博主，其视频封面非常有特色，如图3-29所示。封面的颜色、风格都高度一致，同时每一条视频封面都配有简单的文案。既能给人以整齐划一，非常强的秩序感，还能让人从封面获取一定的知识，干货尽显。

图 3-29　"Excel 小技巧"短视频封面

　　上面案例中，封面的最大特色有两个，一是风格统一，二是添加精准的文案。统一风格让人看起来舒服，一看就知道是经过精心制作的。干货本就普遍受欢迎，容易激发起人学习的欲望。一张简单明了的封面是低成本获取流量的捷径，如果做得更有特色，得到曝光的机会就会大大增加。

　　那么，如何选择视频封面呢？可以按照如图3-30中的两个原则进行。

根据视频的内容而定

封面的选择必须与内容有关，不能以偏概全，更不能张冠李戴。

有精准的关键信息提示

封面上要有精准的内容提示，能集中体现视频内容的核心和精髓。

图 3-30　确定封面的两个原则

在遵守以上两个原则的同时，还需要对素材进行选择，选择整个视频中最精彩、最关键的一帧作为封面。

（1）本人形象照

将本人形象设为封面是一种深度人格化运营策略，看似"随意"，其实很容易形成自己独特的风格，塑造自身IP。图3-31为某医疗机构一名医生的视频号，以个人照片作为封面。

图 3-31　某医疗机构医生的视频封面

这种封面多适合于一些高颜值的帅哥、美女，人都是视觉动物，直接用自身形象作为封面，视觉冲击力比较强，这样的封面一目了然很容易吸引别人驻足观看。再加上，视频号用户大都集中在24~35岁，这群人对颜值特别钟爱。

（2）产品效果图

即直接展示产品效果，比如，有的美食类账号，就用成品图，诱人的食物刺激粉丝；美妆类账号，用妆后效果图让粉丝深入了解产品。这样有利于促使粉丝点开更多的视频，增加历史视频的播放量。

图3-32为"10万道家常菜"视频号的视频封面，全部是用成品美食作为封面。

图 3-32　"10 万道家常菜"视频号视频封面

（3）创意文字

创意文字封面是那些运营好的账号最常见的做法。很多时候，文字更容易给人以深刻的印象，不仅能够让人们在最短的时间里获得知识，还有思想上的触动。微信视频号上有很多创意文字封面，看了能使人内心有很深的感触。

同时还要注意字体、字数。字体要大，字数不要太多，如果在封面上放太多的文字，不利于阅读，也是很难吸引用户的。

值得注意的是，在使用文字时不是简单配字就可以了，还要注意实用效果。最好的方法就是提取视频关键词，因为短视频的用户注意力是有限的，对于一个视频，他们仅看封面文案就作出判断是否要继续看下去。他们对大段文字不仅没耐心看完，甚至会增加厌烦情绪。

所以，在做封面的时候要学会提取视频关键点，直接用关键字或关键短句作为文案。这样可以让粉丝很直观看到并了解视频的重点内容，如图3-33所示。

图 3-33　"鹤老师说经济"的视频封面文案

第4章

内容运营：
打造高度垂直
领域的内容

做微信视频号，重点是提升内容质量，对内容进行精细化运营，做高度垂直领域，瞄准一个细分做精、做细、做到极致。高度垂直的内容，能让账号有特定的人设，视频更符合粉丝需求。

4.1
多快好省内容创作技巧

▶ 4.1.1 抓住主流，视频号上最受欢迎的5类内容

打造爆款微信短视频关键是优质的内容，而影响内容质量的一个重要因素，就是无法确定内容类型。如果盲目做内容，即使做得很实用、很精致，倘若与大众需求有偏差，也不会有太多播放量。

纵观微信视频号上的内容，大致有5个类型，这些是平台上的主流内容，也是最容易被观众认可的内容，具体如图4-1所示。

图 4-1　微信视频号上最受欢迎的 5 类内容

（1）情感共鸣类

情感共鸣类内容最受粉丝青睐，其实不止微信视频号，在其他平台上也是主流内容。这类内容受人喜欢的原因在于能够从情感上引起大多数人共鸣，产生一致的价值取向。只要能激发用户的情感共鸣，就能收获大量点赞和关注。

当然，这类内容对创作者要求较高，必须有较强的情感洞察力、敏锐性和情感共鸣点，能够深刻理解粉丝的情感倾向，精准把握粉丝的情感需求。也就是说，所展现的内容别人能听懂，感觉正是自己所思所想，但又没有表达出来的。

（2）温暖治愈类

温暖治愈类内容是受众最广的一类内容，尤其是都市中的年轻人，在快节奏的工作学习中，承受着多重压力，急需一些温暖治愈的东西来抚慰心灵，治愈自己。

这类内容没有特定的限制，涉猎面很广，可以是美景，可以是事件，也可以是很简单的某一句话。关键不是向粉丝展现什么，而是一定要展现美好、正能量，通过美好的人或物、治愈类的言行举止来温暖和治愈他人内心。

（3）酷炫技术类

酷炫技术类内容主打新、奇、特，关键就是让粉丝看了之后内心有所触动，产生"好惊奇""好新鲜""这是怎么做的"的感觉。

酷炫是一种技术，是一种自己做得到，他人做不到的技术。这类内容包括但不限于唱歌、跳舞等才艺，还包括特效制作、冷门生活技能、传统技艺展现等。

（4）实用技能类

实用技能类内容是微信视频号上比较多的一类内容，多出现在课程培训、知识普及、技能教学、经验分享类账号中。这类视频内容主打简单、实用，通常采用一个视频讲一个知识点的形式，为观众提供真正的干货，让观众在看了之后能够确实有所收获。

（5）自嘲幽默类

"自嘲幽默"是一种特别的内容，核心是通过"牺牲"自己来娱乐大众。形式包括但不限于反串、自黑、搞怪装扮、自我吐槽等，既能满足人们在碎片化时间轻松消遣的需求，又不显得尴尬。

这类内容虽然很受欢迎，容易给粉丝耳目一新的感觉，但也有一个"度"的问题。这个"度"不好把握，用力过轻，收不到预期效果；用力过猛，又可能给粉丝留下一种又假又矫情的感觉。

▶ 4.1.2　遵守规则，平台提倡的与禁忌的行为

微信视频号致力于为用户提供优质的短视频内容，为了激发创作者的创作

激情，保护创作者的内容权益，优化观众观看体验，平台在视频内容上制定了明确的提倡和禁忌准则。

（1）提倡的行为

① 内容客观真实。用户要想做好视频号，最主要的一个前提是内容要真实。所谓真实是指不使用虚假信息创建账号，不故意误导他人，不干扰真实的平台数据，以及其他弄虚作假的行为，不以各种形式实施影响用户体验、危及平台安全及损害他人权益的行为。

一经发现，主管部门将根据违规情况对视频号及微信号采取相应的处理措施，并有权拒绝向违规账号主体提供服务。

② 发布的视频积极向上，富有正能量。平台提倡发布积极向上、正能量的内容，不允许传播对他人有害，令人极度不适，或不利于青少年身心健康的内容。违规轻则将相应内容屏蔽、清空、删除，重则还会被限流、降权、封号。

（2）禁忌的行为

① 提供虚假注册信息。有的账号注册时使用的是虚假信息，账号具有唯一性，是运营者身份的象征，如果呈现的是虚假信息，可能会误导粉丝，对此，平台将严厉打击。

恶意注册的具体行为如表4-1所列。

表 4-1　微信视频号恶意注册的内容

行为	具体解释
频繁注册、批量注册	频繁注册、批量注册是很多平台重点打击的行为，因为频繁、批量操作会产生大量僵尸号，不利于优质内容的输出
提供虚假注册信息	提供虚假信息注册视频号、买卖视频号及相关功能，使用违法侵权信息进行注册
擅自使用他人姓名、肖像	擅自使用他人姓名、肖像，侵害他人姓名权、肖像权等合法权益
擅自使用他人已注册信息	擅自使用他人已经登记注册的企业名称或商标，侵犯他人企业名称权或商标专用权

尤其是视频中含有版权、商标等权利标识（如其他平台水印、LOGO等）内

容时，会有很大的侵权风险。对此，
平台会重点打击，采取账号限流、封
号等措施。图4-2就是给账号发的系
统限流通知截图，一旦接到系统的通
知，就说明你的视频内容违规了。

② 使用外挂。未经微信书面许
可，不可使用插件、外挂或其他第

视频号动态被限制传播

你在2020-03-19 23:22:36发表的动态"抖音最火..."
可能含有版权商标等权利标识（如水印、LOGO等），
有侵权风险。根据视频号运营规范，该动态的传播已
被限制，详情请轻触本通知查看。
如需申诉，请附上本通知截图和帐号资料等相关证
明，邮件发送至 channels@tencent.com。

2分钟前

图4-2　视频号系统限流通知

三方工具、服务接入微信和相关系统中，否则视为违规行为，轻则限期解除，重
则封号。

③ 诱导用户。这种行为是指以虚假利益、情感绑架、道德绑架等，以及胁
迫、煽动等，强制粉丝关注、分享视频。比如以某种奖励，包括但不限于邀请好
友拆礼盒、集赞、分享可增加一次抽奖机会等。再比如用夸张、诅咒性质言语来
胁迫、煽动、引诱用户。

诱导性的内容一旦被系统查到，将会接到以下通知（见图4-3）。

视频号动态违规被删除

根据视频号运营规范，你在2020-02-29 23:18:49发表的动
态"别再羡慕...."属于诱导类违规，已被删除，继续违规会升
级处罚。

20:57

了解详情

图4-3　视频号视频违规被删除通知

④ 刷量刷粉。使用任何非正常手段获取包括但不限于粉丝、点赞、评论、
阅读量等虚假数据，包括但不限于利用第三方运营平台、外挂软件、系统漏洞在
微信软件及服务中进行刷粉的行为。制作、发布与刷量刷粉行为相关的方法、工
具等内容，或对此类方法、工具进行操作或传播，无论这些行为是否出于商业目
的，也将被严厉处理。

⑤ 违法营销。利用视频号实施诈骗、传销、走私等违法犯罪行为，销售任
何国家法律法规禁止和限制销售的商品或服务，包括但不限于枪支弹药、爆炸
物、管制刀具、珍稀野生动植物、医疗服务、医疗器械、药物和保健品、烟草、
证券或期货等投资类、有偿咨询内容等。

以任何形式参与、鼓励、促进或诱导他人排斥正常商业竞争的行为，或为
前述行为的传播提供便利的。

⑥ 恶意对抗。采取技术手段恶意绕开或者对抗平台规则，如以特殊代码、排版、画面设置等技术手段恶意躲避微信系统检测及违规处罚。

⑦ 骚扰他人。侵扰用户安宁，造成用户使用体验减损或者影响软件正常使用和运行，如批量发送骚扰、垃圾信息；发送第三方的特殊识别码、口令类等信息对用户造成诱导、骚扰；以欺骗手段获取用户关系链或其他用户个人隐私信息。

⑧ 避免使用严禁和违禁类词语。在微信视频号中，不可使用的词有两大类，一类是严禁使用词，如表4-2所列；另一类是违禁使用词。违禁使用的词有3类，如表4-3所列。

表 4-2　微信视频号中严禁使用的词汇

词语类型	具体词语
过于夸张的词	全球首发、全国首家、全网首发、世界领先、顶级工艺、王牌、销量冠军、第一（NO.1 或 Top1）、极致、永久、王牌、掌门人、领袖品牌、独一无二、绝无仅有、史无前例、万能等
含义绝对化的词语	最高、最低、最、最具、最便宜、最新、最先进、最大程度、最新技术、最先进科学、最佳、最大、最好、最新科学、最先进加工工艺、最时尚、最受欢迎、最先等含义相同或近似的绝对化用语
无法考证的词语	绝对值、绝对、大牌、精确、超赚、领导品牌、领先上市、巨星、著名、奢侈、世界、全国 X 大品牌之一等
无法考证或无法判断真伪的虚假词语	绝无仅有、国际品质、高档正品、国家级、世界级、最高级、首选、顶级、国家级产品、填补国内空白、独家、首家、最新、第一品牌

表 4-3　微信视频号中违禁限用语

词语类型	具体词语
权威性词语	国家 XX 领导人推荐、国家 XX 机关推荐、国家 XX 机关专供、特供等借国家、国家机关工作人员名义进行宣传的用语；质量免检、无需国家质量检测、免抽检等宣称质量无需检测的用语、人民币图样（央行批准的除外）；老字号、中国驰名商标、特供、专供等词语（某些取得特供、专供权的电商平台除外）

（续表）

词语类型	具体词语
"点击"XX词语	疑似欺骗消费者的词语，例如"恭喜获奖""全民免单""点击有惊喜""点击获取""点击试穿""领取奖品""非转基因更安全"等文案元素
刺激消费词语	"秒杀""抢爆""再不抢就没了""不会再便宜了""错过就没机会了""万人疯抢""抢疯了"等

▶ 4.1.3 注重原创，做优质内容的"引领者"

任何自媒体平台都鼓励原创，原创作品永远都是被优先推荐的，微信视频号也不例外。很大一部分人认为原创难度较大，习惯于在其他账号或平台搬运，稍加修改便当成自己的视频发布，这种作品不会被视频号系统大力推荐，甚至不推荐。

相反，个性化、有吸引力、优质的原创视频，是重点照顾对象，更容易上热门。

微信视频号的推荐机制是"社交推荐、个性化推荐"，一个视频一旦有了推荐，就有了关注度，就有了浏览量、点赞量。

微信视频号的推荐机制由4部分组成，具体如图4-4所示。

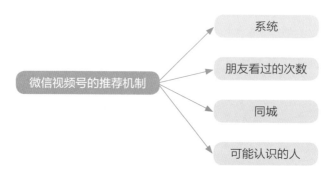

图4-4　微信视频号推荐机制的组成部分

①系统：依据所关注的账号向同类型账号推荐；

②朋友看过的次数：根据微信好友看过的次数进行推荐；

③同城：根据所在城市同城5公里以内的用户进行推荐；

④可能认识的人：根据发布、关注和浏览过的视频历史，以及粉丝关联进行推荐。

从图4-5中可以看到，"系统"推荐占比最高，达88%，其次是"同城"占比达7%，"多位朋友看过"和"5公里以内""可能认识的人"分别占比是3%、1%、1%。

数据表明，视频号的推荐主要得益于系统的推荐，基于现有的微信好友社交关系推荐数据占比只有12%。

图 4-5　视频号采集数据推荐来源统计

是什么影响系统是否推荐呢？推荐到什么程度呢？一个重要因素就是视频内容，内容不优质，系统就不会推荐。比如，那些低权重号，往往得不到系统的推荐，仅有的一点曝光基本上就是靠创作者已有的微信好友和熟人社交得到。

那么，优质内容哪里来呢？最主要的途径就是原创。纵观视频号上那些网红大号都是坚持做原创的。

视频的拍摄取材、选题要有讲究。具体来说，就是在不违规的前提下，力求有创意。例如视频的主体是个高颜值的小姐姐、小哥哥，再加上有才艺、有技能、有生活、有感动、有悲伤、有喜悦、有冲突、有反转等一个或多个元素，那这个视频上热门的概率就非常非常大了。当然，如果主体是普通人，只要有以上一个或几个特点加持，那上热门的概率也是很大的。

▶ 4.1.4　巧妙模仿，做大流量内容的"搬运工"

《深度模仿》一书上曾总结过星巴克等16家优秀企业的经验，认为只有极少数的天才能通过原创成功，绝大多数企业则要通过模仿制胜。企业创新始于模仿，创作短视频同样可以从模仿开始。

模仿是短视频创作的一种重要形式，模仿到位一样可以吸引粉丝，曾经有人依靠模仿积累了50万个粉丝。

不过，需要注意的是，由于微信官方对视频的搬运有严格规定，因此，千万不要把这里的"模仿"误解为"抄袭"，直接拿来就用。抄袭一旦被举报，作品将直接下架，严重者甚至会被封号。由此可以看出，微信视频号对视频抄袭行为打击的严厉程度。

因此，模仿要讲究技巧，既要能借助热门"火"了自己，又要避免被系统认为是"抄袭"。那么，模仿都有哪些技巧呢？

（1）模仿思路，但视频和文案是自己的

思路是视频的灵魂，一个视频之所以能上热门，首先就是它的思路独特。而思路是可以模仿的，这也是为什么一个热门视频出来后，紧跟着就会有非常多的类似视频出现。即使是这样，系统还会默认他们是原创的。

（2）模仿文案，但思路和视频是自己的

不管视频拍摄得有多么好，如果文案跟不上的话，有可能会让努力白费，所以好的文案写作方法也很关键。

文案内容的创作思路如图4-6所示。

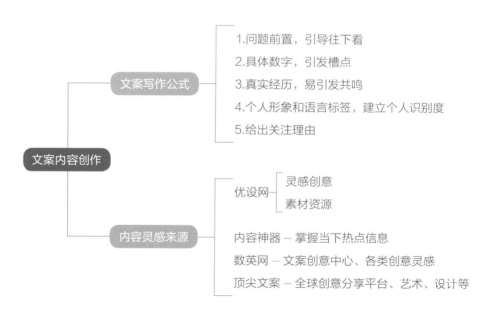

图4-6　文案的内容创作思路

▶ 4.1.5 精心策划选题，好选题是爆款的前提

同样题材的短视频，为什么别人的能上热门，成为爆款，浏览量以百万、千万计，点赞数量达到几万、几十万，甚至百万次；而你的视频关注度则非常低，各项指标数据也寥寥无几。其实，这与选题有关，要想拍出爆款短视频，必须先策划选题，好选题是成为爆款的第一步。

那么，如何策划出一个好选题呢？具体可以从以下3个方面入手。

（1）确定选题方向

微信视频号中短视频题材非常多，尽管很多，但并不是每一个题材都受欢迎，受欢迎的题材往往都是热门题材。而在选题方向的确立上，就必须抓住"最受欢迎选题"这根主线，在这个基础上，结合自身优势进一步抉择。

就整个微信短视频而言，比较受欢迎的有7类题材类型。

① 剧情类：故事、段子、搞笑、恶搞等。

② 娱乐类：唱歌、舞蹈、才艺表演、明星八卦等。

③ 影视类：影视解说、影视混剪等。

④ 生活类：新闻、情感、美食、穿搭、旅行、母婴、健康等。

⑤ 新奇类：技术流、收益、探索等。

⑥ 文化类：国学、哲学、历史、国风、二次元等。

⑦ 商业类：人物、故事、解说等。

（2）融入"热点"元素

热点是天然的流量吸铁石，当你的选题中含有热点元素时，可以提高短视频的"社交属性"。一方面可以迎合粉丝的主流需求，另一方面还可以扩大曝光度，使视频上热门的概率大增。

需要注意的是，在微信视频号中捕捉热点难度较大。因为它没有像抖音那样，每天都有热点排行榜可参考，这就需要实时关注网络热点排行榜。比如，知乎热点、抖音热点榜、微博热榜等；然后对热点话题进行筛选，预判哪条热点会在视频号上发酵；最后利用好时差在视频号上生产相关视频内容，便会搭上第一波流量顺风车。

当然，这里的热点并不仅指热点事件，还包括热点音乐、热点现象，如图4-7所示。热点音乐好理解，就是指当下比较火爆的音乐及达人原声创作。

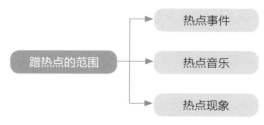

图 4-7　蹭热点的范围

这里重点解释一下什么是热点现象。所谓热点现象就是从热点事件或话题中延伸出来的现象。它不单指某一个事件，而是代表一种热点趋势，持续性比热点事件、热点音乐都会久一些。例如，很多人都模仿李佳琦卖口红的方式来卖课程、卖房产，一句"OMG"已经成为全网带货的标配。

（3）围绕关键词进行扩展与细化

围绕关键词进行扩展与细化，目的是形成系列化选题。一般来讲，系列化选题具有延续性，比单个选题更容易吸粉。

例如，美妆类账号可以选择"化妆和护肤"领域内的关键词进行扩展，延伸出"如何美白和保湿？""如何画眼影、画腮红？""选择哪个色号的口红好看？""敷面膜的注意事项"等系列选题。

再如，知识分享类账号可以结合用户的成长路径，选择领域内关键词进行扩展和细化。延伸出理财类账号可以在投资中避坑的指南、理财产品分析、行业资讯、理财建议等方面进行选题策划。

剧情类账号可以围绕"人物背景或者事件背景"打造系列化主题，比如"过年回家"系列、"面试"系列、"闺蜜"系列。

（4）学习对标账号，打造"创新"风格

想要做出有创意的短视频，除了力争原创之外还可以模仿，擅长从优质账号中吸取精华，尤其是有对标账号的。对标账号是指内容、风格、思路与自己账号高度相似的账号，模仿优质的对标账号既可以学习其在选题方面的策划思路，还可以形成自己的独特风格，被平台算法标记上"垂直领域"的标签。

那么，应该如何模仿对标账号呢，可以采用以下3个步骤。

第1步：内容还原

即用文字把整个视频描述一遍，抽丝剥茧，每个细节都要完全描述一遍，

包括标题、音乐、画面等，具体如表4-4所列。

表 4-4　文字描述视频的项目

描述项目	描述内容
标题：_____ 音乐：_____ 画面：_____ _____ 台词：_____ _____	

第2步：分析视频的评论

爆款视频的评论里有很多有价值的信息，对这些评论进行分析可以了解粉丝们对这个视频的反应。

当然，不是对每条评论进行分析，可以着重选择一些有代表性的。比如，某视频有5万条评论，我们只需要选择靠前的100~200条。一般来讲，从200条评论中就能找到一些规律性的东西，具体内容如表4-5所列。

表 4-5　评论中的规律性内容

评论分析	例子
例如：回复该视频的粉丝大都来自哪类人群？ 　　　他们讨论的重点是什么？ 　　　他们最想做的事情是什么？	

第3步：分析粉丝的属性

从评论中顺藤摸瓜，去看看点赞、评论粉丝的属性，了解他们的身份。通过对真正粉丝的点赞、回复用户的身份反查，找到用户是谁，用户关心什么，用户为什么关心这个爆款视频的原因。

按照这个步骤去做，就能做到模仿不仅仅限于表面，还可以深入灵魂和骨髓，从一个爆款视频中找到10个、20个，甚至100个类似的灵感。

▶ 4.1.6　内容要高度垂直，做精做细做到极致

纵观各大短视频平台，那些做得好的账号都是垂直化运营的，少则几十个，多则几百个视频都围绕一个点，不会广泛涉及，面面俱到。

内容高度垂直，是随着自媒体发展逐步延伸出来的一个新词。目前，该词语没有固定的定义，但它在业界已经是一种共识了。做自媒体的人都知道，垂直的大概意思就是，一个账号持续输出的是同一类内容，视频内容与所选择的领域是一致的，账号围绕一个细分领域去深挖掘，将其做精、做细、做到极致。如果你时而做情感语录，时而做搞笑段子，时而又做美妆教程，那该账号毫无疑问是一个没有垂直内容的账号。

短视频创作已经进入了垂直化生产的时代，我们的内容需要越来越垂直，以便打造出小而精的账号，精准地满足一部分粉丝的需求。在微信视频号上做内容也必须紧跟潮流，将内容"瘦身"，瞄准一个领域深挖掘，做出创意。大而全，看似面面俱到，实际上却是蜻蜓点水，略有涉及，这样就无法给粉丝一个明确的认知、精准的定位。

那么，视频号做好垂直内容可从以下两个方面入手。

（1）圈定视频内容范围

一定要垂直选取自己擅长的领域，不停地输出相似，但又不相同的内容。在内容方面，打造垂直性最基本的做法就是圈定范围，即内容要时刻围绕着本行业、本企业的核心产品和业务展开。只要能把内容做成一个典型代表，自然会被大众熟知，吸引更多用户关注。

> ### ▶ 案例1
>
> "十月菌"是一个原创孕育类微信视频号，该视频都是以孕育知识为中心，以幽默诙谐的漫画来展示视频的内容，深受用户的喜爱，从而吸引了一大批粉丝，部分截图如图4-8所示。

图 4-8　以传播孕育知识为主的"十月菌"

案例2

　　"简单生活技巧"是微信视频号上一个以普及生活DIY常识为主的账号，视频中有很多生活小窍门，每个小窍门又都进行了分步讲解，简单易学，上手快，适合初学者学习，如图4-9所示。

图 4-9　以传播生活常识为主的"简单生活技巧"

（2）善于创新，将内容做到极致

当圈定了视频内容大致范围后，基本方向就明确起来了。圈定视频内容范围解决了大方向问题，但这并不意味着就可以成功吸引到用户。因为同类型的内容可能有很多，要想脱颖而出就要将内容做到极致，以形成自身的IP影响力，能给粉丝带来特定的认知。

这便是在内容的基础上做出了自己的特色，深度挖掘后可以给粉丝以别致的、眼前一亮的感受。

比如，视频号上很多主播单纯地展示才艺、一技之长或个人魅力，仅仅表演唱歌、跳舞、厨艺等，这是远远不够的，无法形成自己的品牌影响力。如果在展示才华的基础上有点创新，一改单纯地"展示"模式，将内容调性提高一个档次，局面就会得到大大改观。

短视频现在已经从一个点慢慢扩大为对一个IP的全面运营，我们需要的不只是一个短视频，而是一种有结构的内容输出，这就需要多种内容形式的支持。

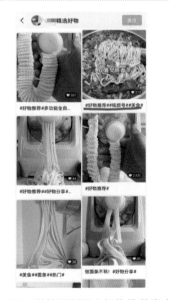

▶ 案例3

例如，好物推荐类内容，可以融入零基础学某方面知识的教程，以教新手如何选择适合自己的产品；软件教程类内容可将知识扩张到PS、PR、WPS等多个领域；穿搭、美妆类内容不但要讲相关知识，还可以融入如何哄女朋友开心等更吸引年轻人的内容。

图4-10是一个推荐压面机的购物类账号，不但有介绍如何使用该产品的视频，还有如何做出一碗香喷喷面条的视频。

图 4-10　微信视频号上好物推荐类内容

在做微信视频号时，关键还是要在已有内容的基础上深挖掘，持续输出与自己定位有关的东西，而且越深越好，做精做细，并且做出自己的特色。即使你不会剪辑也没有独特的才华，不会跳舞也不会表演，口才也很差，没有颜值，也不用怕。不露脸不需要特别的才华的视频照样可以做，有的人各方面能力都有所欠缺，但就凭着"一张照片+一句话"的模式，坚持优质内容输出，同样圈粉无数。

▶ 4.1.7 与自身优势结合，做最擅长的领域

做短视频有一条"铁律"，即"做熟不做生"，也就是说要做自己最熟悉、最擅长的领域，这样拍起来才能得心应手。

目前，有很多视频号运营人员最大的困惑就是不知道拍什么。有的人完全靠自己一时兴起，想做什么就做什么，根本没有计划；有的人看见什么火，就跟风去拍，从而导致经常变换视频风格，今天教唱歌，明天教化妆，隔两天又展示厨艺。

以上两种做法是注定要失败的，不但很难形成自己风格的视频，还无法拥有固定的粉丝群。做视频号一定要明确自身条件，然后结合优势，做出自己的风格，以在受众心中快速树立一个稳定的"形象"。

那么，如何在受众心中快速树立稳定的"形象"呢？如图4-11所示。最直接、最高效的做法就是发挥优势，做自己最擅长的领域。即内容要体现自己所掌握的知识、积累的经验，最大程度地发挥自身的优势。

图 4-11　视频内容选择的条件和方法

做熟不做生，是选择视频内容的第一原则，否则很有可能得不偿失，时间、精力都付出了，预期效果却不理想。

有段时间，在视频号上卖服饰很火，于是很多运营人员开始做服装方面的视频，但对于如何构建一个服装视频号却没有明晰的思路。有的人可能仅仅停留

在"我很喜欢服装""我喜欢穿衣搭配"的浅层次上。

要知道仅仅喜欢还是不够的，要想为观众提供更好的内容，需深入充分了解这一行，深挖掘一些有价值的内容。比如，在穿衣、选款方面独特的理念，或者最专业的意见输出。一定要成为服装方面的"专家"，对所在领域，所在行业有独到的见解，能够真正代表该领域的权威。

● 案例4

#街唱#是一种才艺展示，是唱歌领域出现的一种新的表现形式，在微信视频号上，采用这种形式唱歌的主播也非常多，但绝大部分不够出众，因为他们虽然由室内转换到了室外大街上，但唱的方式没变，要么是一个人独唱，要么与人组合唱。这样，其实就是换汤不换药，无非是换了个背景，实质上与以往的并无两样，无法吸引更多用户。

但其中有一位叫作"田一名爱唱歌"的音乐博主，采用了比较创新的方式：随机合唱。即在大街上随机找一个女生合唱，互动性非常强，即使对方不会唱请对方静静地听就可以了。

这样，不但将#街唱#的特色真正体现出来了，而且还大大激发了粉丝听歌的兴趣。

做短视频要把主要精力放在自己的优势领域上，锁定擅长的领域精耕细作。一个人也许会有很多优势，但一定有一个是最突出的，并且是自己喜欢的。这样，才能形成自己独特的风格和特色，让别人无法轻易模仿和超越，才能在这个领域中处于绝对优势。

▶ 4.1.8 取个好标题，给粉丝以好的第一印象

好的标题有两个重要作用，一是激发用户兴趣，吸引用户点击；二是命中系统的推荐逻辑，争取上热门。无论哪个作用，说到底都是为了赋能视频传播，获得粉丝浏览和关注。

好的标题能够辅助视频实现点击量10万+的小目标，获得大量粉丝，而不好的标题不但起不到这样的作用，反而有可能会埋没优质内容。那么，应该如何给视频拟写好标题呢？这里有6个方法，如图4-12所示。

图 4-12　为视频拟写标题的方法

（1）精准描述视频内容

标题是对内容的高度总结，必须能精准地体现出视频核心内容，让粉丝通过标题就能知道整个内容可能在讲一个什么事实。

同时，出于平台推荐的需要，也必须精准地描述内容，为系统提供算法依据。一般来讲，平台是依据标题提取分类关键词进行推荐的，标题的精准程度直接决定着随后视频的点播量与评论数。清晰的标题会更容易被算法定向推荐给目标用户，更容易让用户在海量信息的Feed流（用来接收该信息来源更新的接口）中判断是否点击观看你的视频，并在此基础上形成"越播越推"的良性循环。

（2）抓住视频爆点

什么样的关键词才是适合用来精准描述内容的呢?答案是能够抓住视频"最劲爆点"的词语。

同样的视频，100%的内容在标题上进行了200%的展现就是成功。所以，小伙伴们要尽可能多地将视频中劲爆的点挑选并呈现在标题上，以此来提高标题的辨识度。

另外，尽量将视频内容中的爆点放在标题的开头，帮助用户"划重点"，降低阅读成本。

（3）巧用疑问句

标题的惯用句式包括陈述句、感叹句和疑问句，每种句式各有特色。其中陈述句表达完整性最强，应用也最为普遍，但呈现相对不容易出彩。感叹句有利于表达态度与观点，但使用要避免流于形式，"震惊!""美炸了!"只能抒发你的个人情绪，放在标题中就是无病呻吟。疑问句往往能够激起用户强烈的好奇心，引导效果一般比感叹句式更好。

（4）巧设悬念

短视频其实就是在讲一个短小精悍的故事，用标题讲故事是提升短视频吸引力、感染力的需要，更是提升传播力与引导力的关键。必须在20个字左右的标题中，尽量讲好故事、制造悬念，激起用户的阅读欲。

（5）增加代入感

增加视频代入感目的在于拉近与粉丝的心理距离，让其感受到视频内容与自身切身利益息息相关。而一旦粉丝有意借短视频进行自我表达，便会激发粉丝在社交网络内的分享行为，很多爆款短视频也都由此而来。常见的增加代入感的方式包括贴身份标签，在标题中点名"××星座""90后""北漂青年"等，直接圈定相应的目标人群，制造情感共鸣。

（6）把握标题字数

平台对视频标题的字数是有要求的，通常为10~30个字，20个字左右最佳，字数过多或过少系统都会自动提示不允许发布。需要注意的是10~30个字包括标点、汉字、英文字母、字符，比如空格占了两个汉字空间，也记做两个字。

4.2 六招助力视频实现病毒式传播

▶ 4.2.1 加入话题，让视频充满话题感

在视频中加入某个话题，尤其是热门话题，有助于视频上热门，也有利于粉丝就话题展开谈话、互动，强化粉丝黏性。

微信视频号中的话题一般添加在标题文案中，大多是一个或多个关键词集合，关键词前后带"#"，如图4-13、图4-14所示。

图 4-13　标题文案中添加单个话题　　图 4-14　标题文案中添加多个话题

　　微信视频号中的话题，有导读、聚合、整理、归类的作用。既可以让粉丝在看视频的时候更清晰地了解视频的内容、定位，也可以将视频导入到细分流量池中。

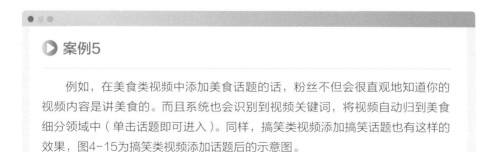

▶ 案例5

　　例如，在美食类视频中添加美食话题的话，粉丝不但会很直观地知道你的视频内容是讲美食的。而且系统也会识别到视频关键词，将视频自动归到美食细分领域中（单击话题即可进入）。同样，搞笑类视频添加搞笑话题也有这样的效果，图4-15为搞笑类视频添加话题后的示意图。

图 4-15　微信视频号话题添加效果

可见，给视频添加话题非常好用，这样视频就有了更精准的受众。而且如果粉丝认可度较高，点赞数、评论数等各项指标上来后，还容易占据细分流量池的首位，大大增加曝光度。

那么，如何在视频中添加话题呢？有两点需要注意，一是注意添加方法，二是要注意选择标准。

（1）添加话题的方法

话题的添加方法比较简单，只需按照平台提示操作，基本上是一键式操作就可完成的，具体方法如图4-16所示。

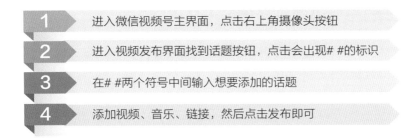

图 4-16　微信视频号添加话题的方法

（2）选择话题的标准

给短视频添加话题，关键是选择什么样的话题。好的话题有助于视频上热门，不好的话题反而会起到阻碍作用。那么，在话题的选择上，具体应该如何做呢？可以按照以下4个标准进行选择。

① 话题与账号、视频定位相关。话题是辅助视频的，因此话题必须与账号、视频定位相关，垂直度高的话题更有利于被系统推荐，获得高流量。

② 话题要有实际传播价值。有价值的话题才能被大众认可，持续传播。那么，如何判断一个话题是否有价值？可从3个方面考虑，如图4-17所示。

可操作性	传播性	时效性
是否有足够事实做支撑，要有事实依据，不能随意捏造。	是否有趣、有料、有颜值，至少要具备其中之一。	是否具有长时效性，及是否能被人持续关注和讨论。

图 4-17　判断话题是否有价值的标准

③ 话题受众范围广。话题不一定是热点，但受众范围一定要广，受众广被看到的概率才会大。例如，同样是美食题材，一个选题是某一个省的食材好吃，一个选题是全国的某种食材哪里好吃。前者覆盖的是某一个区域，而后者可能涉及全国范围内某种食材的比拼。这种话题就会引发一种类似"全民讨论"的热度，有助于提升视频播放量、评论量。

④ 话题选择有痛点。话题只有切中粉丝的痛点才能戳中人心，激发用户的讨论。很多话题正是因为击中了痛点，才成为社会关注度较高的话题，引发全民关注。例如，关于三胎的话题及关于催婚问题。

▶ 4.2.2　巧借东风，流量明星自带热度

自带话题与借助明星或公众人物影响力是提升视频流量的两个主要的方法，也是短视频内容创作中的重中之重。话题在上一节已经讲到了，这节重点讲解如何借助明星或公众人物的影响力提升热度。

明星或公众人物，作为娱乐信息的内容载体和核心，是提升"热度"的关键要素。纵观抖音、快手、微博等平台，只要有明星人物出现的视频都会带来大量流量。

▶ 案例6

小品演员郭冬临被称为"暖男先生"，分别在快手和抖音发布了一些搞笑的场景剧，每个场景里他扮演的角色大都相同，其他演员也时常有串场，有一些段子并不新鲜，但因有着明星光环效应和专业演技的加持，关注度很高。抖音上的粉丝高达900万之多，在快手上的粉丝也有500多万。

吉克隽逸自称"Summer Momoko"，把小红书作为主阵地，玩笑般模仿起李佳琦标志性的带货话术。她会在视频里分享美白牙齿的神器、口红的试色体验，人气超高，已经有了数百万的粉丝，号称"消化一切口红色号"，并挑战了"紫色""芭比粉"这种极难驾驭的口红色号。其实她的视频并不精致，却有着Vlog的粗糙和真实感。

以上是明星或公众人物亲自出镜的效果，尽管从内容策划、个人定位，到视频本身都不是特别出众，但凭着自身的IP影响力，同样可以圈粉无数。

同样，我们也可以间接借助明星或公众人物的影响力达到这种效果，通过与明星挂钩，使视频内容有话题点，有关注度。

明星或公众人物自带流量，那么如何利用明星或公众人物打造热门短视频呢？主要有3种方式，如图4-18所示。

图4-18　巧借明星打造热门短视频的方式

（1）植入语录

植入语录是最简单的一种方式，是指把明星人物或公众人物曾经说过的话语植入到视频中，以强化视频的说服力。

例如，某教育博主的一则视频，为突出读书的重要性。在视频中植入了白岩松曾在"我们为什么要读书"演讲中的部分话语，如图4-19所示。

图 4-19　在视频中植入语录

（2）还原场景

还原场景适用于明星演唱会、音乐会，是指将先前真实发生的过程，经过后期整理、剪辑、艺术化处理，还原重新展现。这类视频类似于视频搬运，但又不是简单的搬运，对后期剪辑要求较高，同时需要配上相应的文案。需要把被剪辑视频的高潮、最精彩的部分展示出来，同时用文案进行导读。

某留学机构视频号中的视频就多次引用音乐会场景，比如，维也纳音乐会演奏场景、著名音乐家演奏经典曲目的场景等，如图4-20所示。

图 4-20　在视频中植入特定场景

（3）明星助力

聘请明星让其代言宣传或直接出镜，这是较高端的一种做法，成本较高，但效果也是最好的。

▶ **案例9**

咸丰旅游是湖北省恩施土家族苗族自治州下辖咸丰县的文创旅游公司，在微信视频号上开立账号，用以宣传本地的旅游资源。咸丰县，湖北西大门，古有"荆南雄镇""楚蜀屏翰"之誉，再加上独特的苗寨风情，旅游资源十分丰富。

为了扩大公司的知名度，特聘一些影视演员助力宣传，例如小沈阳、刘涛、郭麒麟、毛晓彤等。如图4-21为咸丰旅游视频号相关截图。

图 4-21　明星助力类视频

▶ 4.2.3　添加位置，吸引同城粉丝的关注

在视频中添加位置，主要目的是吸引同城粉丝，特别适合本地属性较强的账号。

在网络这个虚拟的世界中，"同城"的意义更大，总有一部分人认为同城可以拉近心理上的距离，更有亲近感。在抖音、快手上都专门设有"同城"板块，只要进入这一板块，就可以看到所有位置标为与你同一城市的视频。

微视视频号上虽然没有单独设置"同城"板块，但在视频中添加位置，同样可达到这样的效果。粉丝只要点击已添加的位置，就可以进入同城板块。

▶ 案例10

例如，添加的位置是"北京市"，点击即可进入北京市所有视频集锦中，如图4-22所示。

图 4-22　视频号中的位置添加

▶ 4.2.4　善抓热点，热点意味着高曝光量

热点视频是吸粉的一大利器，热点视频本身往往意味着海量曝光量。因此，蹭热点是视频号运营中不得不重视的一种类型，但这并不意味着所有热点都可以蹭。

蹭热点主要的目的是为了依靠所蹭热点将自己的内容传递出去，让更多用户了解自己的账号，让用户记住自己账号的特点。因此，在蹭热点之前，一定要确定好账号的定位，结合账号的细分领域定位，明确哪些热点可以蹭，哪些不可以蹭。

在蹭热点的时候，具体有以下5点注意事项。

（1）太过大众的热点不宜跟

过于大众的热点之所以不宜跟，原因就在于热点来源的可靠性无法保障。

▶ **案例11**

2020年6月贵州公交车坠河事件，是当时全网热点事件，在该事件的效应下，很多视频号视频借此机会迅速收获了一波用户关注。该热点最初爆发时，有相当多微信视频号账号将事件矛头指向公交车司机之外的人员，以至于使无辜者受到了人身攻击，最终不得不采取法律手段进行维权。

在官方辟谣后，曾将矛头指向无辜人员的自媒体账号、微信视频号账号均受到了视频下架、账号降权，甚至封号的处罚。

风险太大，是太过大众的社会热点不宜跟的根本原因。

（2）太过小众的热点不值得跟

过于小众的热点不值得跟，原因就在于热点过小，关注的人群有限。此类热点发布后，绝大多数被推荐了该视频的用户并不了解热点中所涉及的人物、事件，因此难以勾起用户的兴趣，导致视频的互动数据不佳，最终影响到视频的后续推荐。

（3）政治热点不能跟

无论是对于个人视频号，还是企业视频号，政治热点均是雷区。由于视频号的审核机制和标准异常严格，任何与政治挂钩的内容都会被列入重点审核对象。因此，应该尽量避免在视频中出现政治元素，具有传媒资质的视频号除外。

（4）财经热点不好跟

财经热点之所以不好跟，原因就在于涉及投资、理财、股票、基金，乃至保险，往往带有较强的引导性。视频号平台为了尽可能地规避某些隐形风险，通常并不主推此类视频。比如投资理财、基金保险的视频一般比较难以通过"DOU+推广"的视频审核。

（5）社会热点最难跟

社会热点最难跟，主要是因为社会热点具有一定突发性、及时性、后续性。热点事件，很多媒体都会在第一时间报道，你在蹭的时候稍有滞后，就没有人关注了，全网都知道的事情，你再去蹭有何意义？再者，社会热点往往需要在热点爆发后，较短时间内发布后续视频，这大大增加"蹭"的难度，我们又不做系列报道。

综上所述，蹭热点要保证精准性，切忌什么热点都蹭，借力时仔细思考，找到正确的热点结合方法，才能最大限度地达到效果。另外，需要注意的是，在利用热点话题时要尽量保持客观，不要盲目站队，一味以自己的主观判断来引导用户。否则，后续事件发生反转时，就会严重影响用户对我们的好感度，不利于建立与用户之间的信任感。

▶ 4.2.5 做出特色，给内容贴上个性标签

每天有很多视频上传到视频号上，如果你的视频没有特色，就无法吸引粉丝，更不会获得大多数人的认可。因此，创作者必须让自己的视频内容独一无二，有特色，与其他视频差异化开来，以保证一经发布就能在平台上脱颖而出。

当然，差异化并不保证一定能让视频大火，但是如果只知道跟在别人的脚步后面，那是很难出头的。所以，想要打造爆款视频，不妨开动脑筋，挖掘自己独特的玩法，给视频贴上个性标签，吸引用户去关注。

挖掘视频的独特性，具体可按照图4-23中的方法进行。

（1）客观分析自身优势

想要拍摄出吸引用户的视频，就要客观分析自己的优势，让内容具有特色。以便粉丝在看到视频，或类似视频时，脑海中第一个展现的是你的特色作品。

图 4-23　挖掘视频独特性的方法

所以，发布视频之前应该想一下，自己擅长什么，怎样拍摄视频才能展现自己的才能，让其成为自己的代表作。最有效的方式就是要集中表现一个或一系列的内容。

（2）挖掘自身内在潜力

在分析自己的基础上确定自己的个性，找到最明显的、别人不具备的特质，自己独一无二的特色，让粉丝在第一眼看到视频的时候就能记住。

某账号发布的都是关于小狗日常活动的视频，极具特色。如小狗穿不同衣服直立行走。在视频中，小狗穿着漂亮的衣服，在路上走，并和主人、路人互动。这样的视频不但吸引了一大批爱宠人士成为粉丝，而且宠物小狗萌萌的样子也获得了许多点赞。

所以，做视频内容先不要忙着拍摄，要先进行分析，找到属于自己的独特标签，自然能够吸引用户的关注。

（3）打造稀缺感，贴上独特标签

有研究表明，当人们产生稀缺感之后，注意力就会自动且强有力地转向那些未得到满足的需要上。同样地，在视频号的营销中视频也可以利用这种"稀缺感"来打造，以让内容带上独特的标签。

那么，如何利用"稀缺感"找到自己的独特标签呢？下面，我们将结合常见的视频类型列举一些寻找独特标签的技巧和方法，具体如表4-6所列。

表4-6　不同类型视频寻找独特标签的技巧和方法

类型	独特之处
美食类视频	打造美食地方特色标签，如"家乡美食"；制作材料特色标签，"黑暗料理"；制造工艺特色标签，"创新美食"等
教程类视频	技能展示标签，比如"减肥教程""职场教程""跳舞教程""书法教程"等
萌娃类视频	宝宝日常趣事，比如"萌娃趣事""萌娃学习""萌娃成长"标签等
炫技类视频	操作示范、亲身体验标签，比如，"VR体验馆""花样滑板""古典音乐""书法绘画"标签等

独特的标签，从本质上来说是用户对自我形象的设定。一个好的、有个性的标签不但有助于拍摄出好的视频，而且还能够为自己吸引很多的粉丝。

▶ 4.2.6 善打情感牌，引发粉丝情感共鸣

情感交流是人与人交流中最重要的方式，这种交流方式能够让人产生心与心的碰撞，达到深入人心的效果。

现在做视频号的主力军是广大年轻人，他们处在一个比较感性的年龄段内。如果他们能够看到情感治愈类的短视频，在受到鼓舞后，他们会对这种视频形成极大的依赖性，这样他们就会关注该账号。

另外，情感类内容贴近普通大众的需求，更加"接地气"，比较容易拉近与粉丝的心理距离。相较其他类视频有优势，正因为情感类的视频更能打动粉丝的内心，所以，我们在做这类视频时最好能加入情感因素。

同时，做情感类视频并不那么容易，有很多技巧需要掌握，这些关键点主要包括3个方面，如图4-24所示。

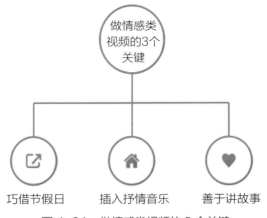

图 4-24　做情感类视频的 3 个关键

（1）巧借节假日

情感视频想要成功，内容要直抵人心。只有触动了观看者的内心，让他们能够感同身受或者找到情感寄托，他们才能认同这个视频，从而点击关注。

所以，内容很重要。而创作者想要把内容做好，就需要借势。重要的节假日就能很好地提供这个"势"，使关注度迅速提高。如母亲节、父亲节、情人

节、感恩节等和情感有关的节日，就是重要的切入点。以此为主题，进行视频内容的创作，借助于节假日的"势"，就能够在一定程度上增加关注度。

（2）插入抒情音乐

音乐是情感交流的"神器"，一首好听的歌曲之所以能够被广泛传唱，就是因为它能够引起人们的情感共鸣。生活中，我们会发现有一些外国的歌曲虽然有时候听不懂歌词，但是我们还是会被其感动，因为我们能感受到歌曲中所要表达的感情。

因此，在制作自己的短视频时，要配好音乐。特别是那些图片类的视频，音乐是其成功的重要因素，配上一首非常抒情的歌曲，很大程度上会提高视频的观看效果。

（3）善于讲故事

情感类视频做得再好，如果观看人数比较少，那么它能够引起的关注人数也会很少。这也是为何许多质量很好的短视频没有火起来的原因。创作者要学会讲故事，借助故事的趣味性来提高短视频的关注度。

生活中，每天都在发生着这样那样的情感故事，这些都是非常好的素材，创作者要好好利用。最好能每天浏览新闻的热点，找到适合的话题来进行短视频的制作，这样既能够增加关注度，又能使更多观看的人成为粉丝。

用情感故事去触动人，是一种吸引粉丝的方法，也非常容易成功。作为内容创作人员要学会使用一些技巧，利用情感类视频迅速得到粉丝的关注，增长粉丝量。

第5章

短视频拍摄：
视频再短也要
拍出大片感

视频号最大的特点就是"短"，短的10秒，长的也不过60秒，如何在有限的时间内展现出丰富多彩的内容，十分考验创作者的拍摄功力。视频的拍摄有很多技巧，如果能熟练掌握，则可以大大提高拍摄质量，提升观看的体验，将短视频拍出大片感。

常用的短视频拍摄装备

▶ 5.1.1 智能手机：初级入门的必备神器

智能手机是拍摄短视频最常用的一种工具，尤其是随着手机像素不断增高，拍照、摄像效果越来越好，成为大多数新人入门的必备神器。

但智能手机这种设备的优、劣势也都很明显，最大优势是携带便捷，使用简单，能够随时随地拍摄，大大降低拍摄成本。劣势是拍出的视频质量有所欠缺，光线难以调节，拍摄近景时清晰度不够，稳定性差，容易造成画面抖动。

因此，在使用智能手机时需要一些工具辅助，常用的辅助工具如下。

（1）自拍杆

自拍杆被誉为自拍神器，拍摄效果如图5-1所示。自拍杆的作用，一是可以对手机起到稳固作用；二是扩大拍摄范围，实现多点拍摄。

自拍杆结构非常简单，主要由固定支架、伸缩杆、蓝牙遥控自拍器和底端按键组成。它的特性也决定了它使用起来比较简单，用固定支架夹住手机，伸缩杆自由调节拍摄角度，底端的蓝牙按键控制操作。

图 5-1　自拍杆实物图

在自拍杆选择上，很多人特别看重品牌，其实没必要，上面提到了自拍杆在技术、构造方面差异不大，无论选择哪个品牌，整体差异都不大。

因此，在选择自拍杆时，可以先看"硬件配备"，包括自身重量、拉伸范围、蓝牙连接的有效范围、手机夹旋转的角度、拍摄按键位置，如图5-2所示。

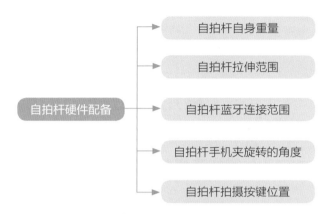

图5-2　选择自拍杆需要看的硬件配备

① 自拍杆自身重量。自拍杆自身重量大多为88~160g，承重则在500g左右。在选择时，要特别注意其锁紧功能，确保手机在使用中不会出现滑落、摇摆等状况。否则拍摄效果不但不理想，还有可能损坏手机。

② 自拍杆拉伸范围。拍杆的拉伸范围一般为24~94cm，部分为65~135cm。具体选择可以依据不同的需要而定，但如果便于携带，24cm左右的收纳长度更适合放入旅行背包中。

③ 自拍杆蓝牙连接范围。蓝牙连接有效范围通常在10m左右，如果想拍到更"广角"的视频，可以选择拉伸范围长一点的自拍杆，比如135cm的。

④ 自拍杆手机夹旋转角度。自拍杆前端的手机夹旋转角度有两种，有的是360°旋转的，有的是720°立体旋转，这直接决定着拍摄范围。因此，在选择时，要看看前端的手机夹是否支持大角度旋转。

⑤ 自拍杆拍摄按键位置。自拍杆的拍摄按键位置要设计合理，最理想的位置是在大拇指控制范围内，并且点按舒适。有些自拍杆的拍摄按键触感较硬，长时间使用会感到不适。

（2）手持云台

手持云台是一种用来固定手机的设备，如图5-3所示，目的是防止在跟踪拍摄时手机抖动，造成视频画面晃动。

稳定性是手持云台的一个基本功能，除此之外，还有拍出静态、动态延时拍摄等特效

图5-3　手持云台实物图

功能。综上所述，使用手持云台辅助拍摄还是有很多优势的，具体如图5-4所示。

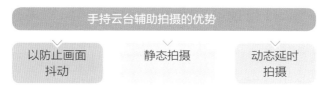

图 5-4　手持云台辅助拍摄的优势

需要注意的是，不同品牌的手持云台参数大不相同，在具体选择时，还要结合实际需求看产品参数。具有代表性的有3款，具体参数如表5-1所列，价格较亲民的有魔爪，续航时间较长的有大疆，轻巧一点的有智云。

表 5-1　具有代表性的 3 款手持云台

品牌	代表产品	电池续航时间	自重	最大承重
大疆	Osmo Mobile 3	15 小时	405g	200g±30g
智云	Smooth Q2	17 小时	380g	260g
魔爪	Mini-S	8 小时	480g	260g

（3）外置镜头

手机的外置镜头，能让手机的拍摄规避自身的局限，更接近单反相机。例如，由于手机的拍摄范围有限，当我们在拍一个范围较大的风景时往往会拍不全。这个时候就需要外置镜头的广角镜头，不但可以增加拍摄范围，还可以带来更大的冲击力，更丰富的画面魅力。外置镜头添加前后拍摄画面对比图，如图5-5所示，左图为安装前所拍，右图为安装后所拍。

拍摄前　　　　　　　　　　　拍摄后

图 5-5　外置镜头添加前后拍摄画面对比图

外置镜头的原理就是通过更大的光学玻璃滤光片来使拍摄成像，获得广角、微距等不同的焦段功能及特效。就像前面两个辅助设备一样，在选择外置镜头时也需要注意一些事项，具体如图5-6所示。

① 看镜头材质。外置镜头的材质，当前市面上主要有两种。一种是玻璃材质，另外一种是合成塑料材质。

图 5-6　手机外置镜头选择注意事项

通常来讲，玻璃材质更有优势，在透光率、色彩还原度方面有很大优势，但易破碎、易划痕的问题也受到了众多消费者的诟病。所以，合成塑料材质的镜头也不是一无是处，如果比较注重安全性，也可以选择塑料材质。

② 看是专用版还是通用版。外置镜头一般有专用版和通用版两大类。专用版是指单独匹配某一款手机的镜头。这种镜头往往是一个手机壳，稳定性非常好。通用版常见的是以夹子的方式固定镜头，稳定性稍差一些，但只要不剧烈晃动，大多数情况下不影响使用。

③ 看镜头是否有镀膜。有镀膜的镜头可以减少光线反射，增加透光量，并在一定程度上减少出现鬼影、耀斑的情况，从而提高画面质量。

在鉴别是否有镀膜上，可以采用这样的方法：将镜头放在阳光下，如果阳光照射在镜头上出现紫光或绿光，就说明是有镀膜的。

④ 看镜头有没有畸变或暗角。畸变与暗角是挑选广角镜头必须考虑的。优质的镜头可以保证拍摄无暗角，并且有较好的畸变控制。比如，拍摄建筑时，如果建筑的线条相对笔直，那么畸变控制就好，如果弯曲得厉害，那么畸变控制就差。

▶ 5.1.2　单反相机：拍出高清视频的得力助手

手机的主要功能是通话，拍照只能算附属功能，其效果与专为拍摄而生的单反相机比较，劣势就显现出来了。

例如，手机镜头感差的问题，是手机拍摄固有的问题了。这是因为手机镜头其实就是一个广角镜头，而且由于没有标头、长焦端，无法拍摄景深类画面。

假如遇到虚化背景的小景深场景很难拍出效果。

鉴于此，要想拍出好视频单反相机是必不可少的，它是一种中高端摄像设备，用它拍摄的视频画质比手机好很多。操作得当，能与摄像机媲美。

较之手机，单反相机在拍摄短视频上主要有3个优势，如图5-7所示。

画面质量优质

可以经过映象更加准确地取景，使拍摄出的画面更清晰，更符合实际，与现实中看到的影像尽量保持一致。

景深效果比较好

大尺寸图像传感器，配合大光圈镜头拍摄，能够获得很好的景深，形成强烈的背景虚化效果。

卓越的手控调节

依据需要调整光圈、曝光度、快门进度等，可获得比手机更加独特的拍摄能力。

图 5-7　单反相机的优势

然而，单反相机的劣势也不少。比如，价格贵、体积大、便携性差、通体操作性差，新手很难掌握拍摄技巧，而且往往需要针对不同短视频平台要求进行必要的调整。

（1）无法自动变焦

变焦指的是调整镜头远近和视角宽窄，单反相机没有电动变焦功能，这就使得拍摄中会出现无法自动变焦的问题，尤其是拍摄时间较短，比如，15秒、30秒时，会因拍摄时间过短，导致视频录制不全等问题。

（2）需要对视频的像素进行设置

很多短视频平台对上传视频的像素有要求，通常是不超过1080p。而单反相机拍的视频肯定超过了，这就需要在上传视频时在单反相机上先设置一下。

▶ 5.1.3 摄像机：专业设备拍出高水准

摄像机一般分为专业机和家用机两大类型，专业机又可细分为广播级、业务级和电影级，多运用于电视广播、影视拍摄、新闻采访等专业领域。

就短视频拍摄而言，首选专业机。家用机的分辨率通常比专业机低，即使一样，但由于家用机的感光元件远小于专业机，画质也相差很大，尤其是在光线比较弱的情况下。再者家用机大都没有手动功能，如果在一些特殊的场合会无法完成特殊效果的拍摄需要，例如，同一个画面焦点的变化。

由上可以总结出专业机较之家用机有两点优势，如图5-8所示。

分辨率高　　　有手动功能

图 5-8　专业机较之家用机的两点优势

不过，如果没有场景要求，专业机反而有诸多缺陷。比如，需要重新设置参数，后期制作流程烦琐，以及携带不方便等，因此如果不是非常专业的拍摄场合也完全可以以家用机代替。

▶ 5.1.4 麦克风：动听音质引众人尖叫

麦克风一般情况下分为3类：拍摄设备自带、小蜜蜂或者录音机。如果你买的摄影设备是有录音功能的话，就不需要另外买了。刚入门的小伙伴可以用小蜜蜂录就足够了，不过需要备好电池，以免中途断电。

熟练后可以使用更加高级的录音设备，H6、H4录音机，不过使用前一定要设置好参数，用录音机的效果一定比其他两种好得多。

▶ 5.1.5 灯光设备：获得更好的视频画质

灯光主要的作用是为了保证画面的亮度，在拍视频的时候一般会打个光，简单点的话可以用打光板。但是灯和打光板都不方便带在身上，可以的话，摄像灯尽量直接安装到设备上，想打哪里的光就打哪里的光，非常方便。

巧用构图法，合理布局视频结构

▶ 5.2.1 中心构图法：重点突出、主体明确

构图是指摄影者通过运用多种手段，在画面上生动、鲜明地表现出被拍摄物的形状、色彩、质感、立体感、动感和空间关系的一种拍摄方法。构图使主题明确、主体突出、主次分明，符合人们的视觉规律。构图有很多方法，接下来介绍中心构图法。

中心构图法是最常用，也是最简单的一种拍摄方法，尤其适合新手。很多初涉短视频的人，在拍摄时习惯将被拍摄物定格在画面中央，如图5-9所示。其实，这就是中心构图的原理。那么，具体如何使用这一构图法呢?

图 5-9　中心构图拍摄法

从专业摄影角度讲，就是将拍摄主体放置于画面正中心进行拍摄。这种构图法优点是突出主体，而且画面容易取得左右平衡的效果。

需要注意的是，中心构图法虽然很简单，但也是要讲究技巧的。并不是所有的情况都适用这种方法，还必须根据拍摄主体和环境而定。图5-10中的这种情况就不适合。

图 5-10　中心构图法的失败案例

上图这朵花整体比较瘦长，放到画面正中显得非常突兀，有种孤零零的感觉。再加上背景过于杂乱，眼睛的注意力很容易被周围的东西打乱，无法很好体现出主体。

鉴于此，使用中心构图法时需要注意以下两点，具体如下。

（1）被拍摄主体要饱满

被拍摄主体要相对饱满，所占画面的比例至少要达到1/2，当然也不是越大越好，很多时候需要根据实际情况来定。

（2）背景简单、干净

背景要简单、干净，不能杂乱无章，合适的背景能很好地烘托出主体来，这一点在使用其他构图法的时候，也是相当重要的。如果背景没办法选择简单干净的，或者无法找到非常合适的背景，那就利用大光圈或者长焦距让背景虚化，使主体从背景中跳出来，加强对主体的表达，如图5-11所示。

图 5-11　利用大光圈或者长焦距让背景虚化

（3）有趣的中心更吸引眼球

中心构图法突出的就是中心，在拍摄的时候要尽量制造一个比较有趣味的中心点。如果没有也要主观创造一个，如图5-12所示，主观创造中心点常用的方法有光影、景深、线条、黑白等技法。

图 5-12　中心构图法中的中心点

▶5.2.2 黄金分割构图法：观感舒适、美的享受

黄金分割构图法是所有构图方法中含金量最高的一种方法，顾名思义与黄金分割点有关。所谓黄金分割点，是古希腊数学家毕达哥拉斯发现的一条线段定律，即任何一条线段上都存在着这样一点，将线段分为两部分，较长部分与全长的比值，等于较短部分与较长部分的比值，其比值是一个无理数，取其前三位为0.618。

用公式表示就是：较长/全长=较短/较长

0.618黄金分割点是万物美之源，蕴藏着丰富的美学价值，被认为是建筑和艺术中最理想、最完美的比例值。以此类推，使用黄金分割构图法拍摄出来的视频也一定是最美的。

那么，在实际拍摄中如何寻找黄金分割点呢？这个也是有技巧的。在摄影构图中，黄金分割点重点表现在几个特殊点上。

（1）与对角线相垂直那条线上的交叉点

在确定黄金分割点时可借助一个长方形。先找到其中一条对角线，再画出对角线的垂直线，垂直线与对角线交叉的点，就是黄金分割点，即垂足。黄金分割点构图法线形图如图5-13所示。

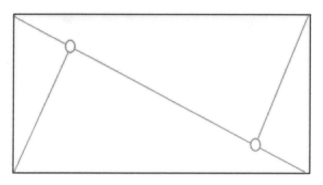

图5-13　黄金分割点的确定1

需要注意的是，由于有两条对角线，每一个画面中有4个这样的点。黄金分割点构图法实拍图如图5-14所示。

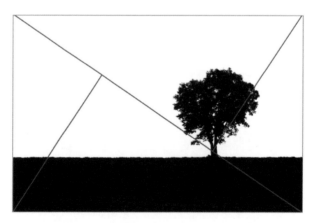

图5-14　以黄金分割构图法拍摄的实图1

（2）黄金分割螺线

黄金分割点除了是垂直线相交的点之外，它还是由每个正方形的边长为半径所延伸出来的一条具有黄金数字比例的螺旋线。即依照0.618这个黄金比例多次分割画面，可以得到一条逐渐螺旋的对数螺线，如图5-15所示，又叫黄金螺线。

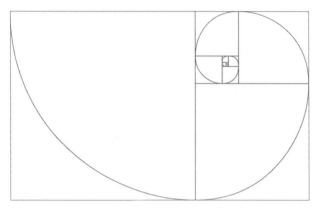

图 5-15 黄金分割点的确定 2

实拍图如图5-16所示。

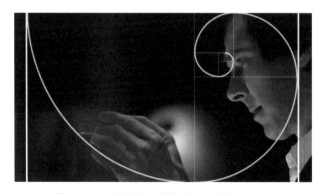

图 5-16 从黄金分割构图法拍摄的实图 2

（3）黄金三角

除了前两种方法外，还有一种方法可以确定黄金分割点，那就是利用黄金三角形。利用两个互为相似的等腰三角形，由于其中一个的腰与另一个的边比值为0.618，因此可以确定一个点，如图5-17所示。

△ABC与△CBX互为等腰三

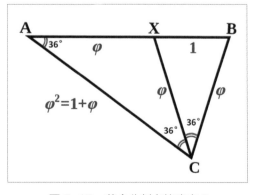

图 5-17 黄金分割点的确定 3

角形，X为AB（△ABC腰）与BX（△CBX边）的交点，比值为0.618，那么，这个点就是黄金分割点，是黄金分割构图常用的一个点。

另外，两个三角形共同的顶角C也是一个最佳构图点，如图5-18所示。

图 5-18　以黄金分割构图法拍摄的实图 3

▶ 5.2.3 三分线九宫格构图法：画面紧凑、平衡协调

三分线九宫格构图法被认为是最基础的一种构图法，一是因为其他构图法都是以此为基础延伸而来的，例如水平线构图、对称式构图、三角式构图、框架式构图等；二也是因为它被很多相机、手机拍照APP所使用，现在几乎所有的相机，包括手机拍照软件的取景框，都会内置三分线在界面上，以帮助拍照的人利用三分线九宫格构图。

三分线九宫格是由四条线构成，上下各两条，把图像分割成九宫格的形式，以及线和线之间交叉的4个结点，如图5-19所示。

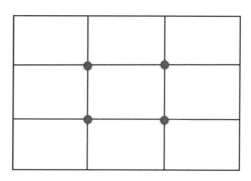

图 5-19　三分线九宫格构图

在拍摄时，将线条作为分界线，主体元素则放到交叉结点上。例如，拍摄茫茫雪原上一只孤独的狼，就可以把狼放在三分点附近；在拍摄草原上的落日

时，可以将天际线放在画面的上1/3处，落日放在三分点附近，如图5-20、图5-21所示。

图 5-20　以三分线九宫格构图法
拍摄的实图 1

图 5-21　以三分线九宫格构图法
拍摄的实图 2

画面中只有单一的主体，非常适合这一方法，只要把主体放在任一个三分线分界处即可。这样在突出主体的同时，还可以适当的保留空间感，给观看的人最基础的视觉上的舒适感。

但这并不意味着这种方法不适合画面较复杂的画面。如果视频画面较复杂，需要根据视频主题和所要表现的意图，先确定一个点，可以是兴趣点或最吸引人的点。然后再把这个点放在线与线交叉的点上即可。

如图5-22是一张风景图，最吸引人的点就是画面

图 5-22　以三分线九宫格构图法拍摄的实图 3

偏右下方的那片落叶，而这片落叶刚好位于九宫格右下的交叉点附近。

▶ 5.2.4 水平线构图法：拍出视频的静态美

水平线构图法是由三分线九宫格构图法延伸出的一种典型拍摄手法。由于特别适用于水平方向的拍摄，因此成为一种相对独立的构图法，在实践中运用得非常广。

这种构图法要求相机与被摄体基本处于同一水平面，并以水平线作为标准，拍摄角度与人眼视角基本保持一致，拍摄主体位于画面三分线的三分之一或

三分之二处，如图5-23、图5-24所示。

图 5-23   以水平线构图法拍摄的实图 1   图 5-24   以水平线构图法拍摄的实图 2

图像中有一条水平线，传达了"稳定"甚至"休息"的信息，它们通常作为照片中的分界点，营造一种平静的感觉。利用水平线构图法可以完美地表现大场景的壮观与宽广，给观者以强烈的稳定感、均衡感，特别是在使用广角镜头后，画面可以容纳下更多的元素，让画面的视觉效果更加完美。

在这里有一点需要特别注意，那就是水平线的设置。在模拟图上，这条线是虚拟的，但在实际拍摄中最好能真实存在，自然显现在画面中。这就需要在拍摄时找准参照物，山脉、树木、水面、道路、建筑物等，将其作为画面元素之一，来调整画面中的水平线。就像上面两幅图都是将水面作为参照物，寻找合适的参照物是水平线构图的常用技巧之一。

▶5.2.5 对称式构图：绝对看得舒心

对称式构图法是以三分线构图为基础的一种构图法。即将画面的分割线平放在画面中间，而不是放在画面上三分之一或下三分之一处。这个构图具有均衡、稳定、相对的特点，常用于表现对称的物体、建筑、特殊风格的物体。

对称符合了人们的视觉习惯而成为一种常规的表现形式，是人们最容易接受的一种形式。比如蝴蝶，它的形体和翅翼花纹的对称美，一直为人们所欣赏，在视频作品中对称的画面也经常见到，如图5-25所示。

图 5-25   以对称式构图法拍摄的实图

对称式构图通常是以中轴线或中心点为基准，在左右或上下配以形状相等或相似、分量相等、变化相同的元素的构图画面。所以，常见对称构图法的形式按照对称线的方向可以分为如图5-26所示的3种。

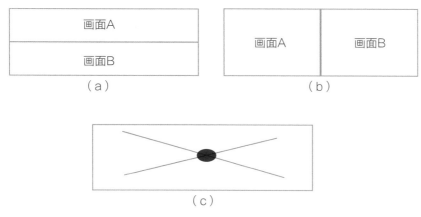

（a）　　　　　　　　　　（b）

（c）

图 5-26　对称构图法的形式

需要注意的是，这种构图法对场景的要求比较高，需要慎用，运用不当则会显得呆板、缺少变化。因此，在实际拍摄中，构图往往不追求绝对的一半对一半，而是在画面中营造一种视觉均衡，可以是人与人、人与物、大与小，也可以是动与静、明与暗、高与低、虚与实等的对称方式，其实，这才是对称式构图法的精髓。

为更好地理解这个问题，我们来看下某商家为全面展示服装特点而拍摄的组图。

（1）拍摄效果如5-27图所示

图5-27中的女模特，在一个画面中同时展示了侧、背两面，而且中间去掉了两面拼接在一起的分割线，很自然地将模特的两面放到了一个画面当中，虽然不是绝对对称，但画面看起来十分协调，不会有生硬的切割感。

其实这也是一种对称。它会让画面更活泼、更富有变化，可以更

图 5-27　以对称构图法拍摄的效果图 1

好地展示产品的特点，以使消费者
对产品的认知更加全面。

（2）拍摄效果如图5-28所示

图5-28中利用了与图5-27中同
样的不规则对称方法，将不同颜色的
同一产品安排在一个画面中，不但营
造了一种视觉均衡感，还形成了鲜明
的对比。两位身着同款不同色服装的
模特之间的对比，很好地展示了产品
的特色，便于消费者对同款不同颜色
的服装进行比较和选择。

图5-28　以对称构图法拍摄的效果图2

图5-29　以对称构图法拍摄的效果图3

（3）拍摄效果如图5-29所示

图5-29较之前两幅图更有特
色，左右采用了不同的事物。左边
站着模特，右边摆放产品，人和产
品各占画面的一半。这也是一种对
称式构图法，通过旁边的模特，一
目了然地说明了产品的用途，颜色
选择考究，背景颜色和产品的颜色
相得益彰，加上柔和的光线，整个
画面看起来很和谐，又可以充分体
现产品的卖点。

▶ 5.2.6　框式构图法：让视频主体更加突出

框式构图法是指将拍摄主体定格在一个框架中，将主体影像包围起来，形
成一种框架，有助于将主体影像与风景融为一体，赋予照片更大的视觉冲击。比
如，建筑、交通工具、门、窗、一棵树或一个框状物体等，如图5-30所示。

框式构图是短视频构图中非常重要的一个技巧，能让主体更加突出，把观众视线引向框架内的景物。

在利用这种构图法时要注意，边框要尽量规范、平直，画面比例要适中，前景内容、人物朝向、视线方向等要与画面平衡，这样视觉上会更为舒适。

以上是框式构图法最基础的运用，易上手，尤其是适合初学者。而对于一些成熟的短视频拍摄者，如果运用得好，这个"框架"会极具变化性，拍摄出来的画面也极具创造性。

因此，对边框的理解，不能简单地理解为只是一个实体框状物，画个方框、勾个

图 5-30　以框式构图法拍摄的实图

圈。当然，这也是一个重要方面，我们将之称为现成框式元素，但在实际应用中"框"更多的时候表现为一个具有艺术感、变化性及多样性的拍摄元素。

下面将对其进行一一阐述。

（1）非完全框式

在框式构图时，原则上一定需要将框架边界完整纳入画面内。但有时则不必，半包围结构也是一种框式构图，空白边界可以运用对称、竖直、平行或者人们熟知的事物结构、或画面边界以及人物对事物的印象来补全，如图5-31所示。

图 5-31　以非完全框式构图法拍摄的实图

非完全框式保留了框式特征，但留出了画面的呼吸空间，比典型框式观感更舒畅。

（2）外缘框式

与一般的框式不同的是，此处的框式并没有空间的贯通和前景的衬托，依照景物元素，往往利用背景中物体的外形边界以及阴影反差等构成框式，如图5-32所示。

图 5-32　以外缘框式构图法拍摄的实图

选取几何形状明显的物体，尽可能规避杂物对轮廓线的干扰，提炼出框式。

（3）中空框式

除了竖直的建筑立面上存在的框式，也不要忽略建筑的楼道、中庭等中空的结构，配合建筑的内部轮廓同样构成框式。不拘束于平拍的角度，也可仰拍、俯拍，以凸显空间结构，如图5-33所示。

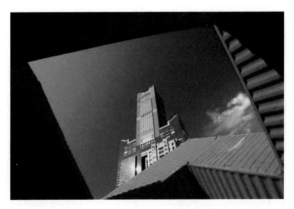

图 5-33　以中空框式构图法拍摄的实图

（4）投影框式

投影框式中的"投影"并非物理层面的概念，它与光照、阴影没关系。而是指三维空间中的事物通过透视作用在画面中形成的平面几何结构。如远近不同距离的房檐、水平角度不同的建筑墙线，在一定角度观察中，平面叠加形成框式，给人以纵深角度的视觉错觉，如图5-34所示。

图 5-34　以投影框式构图法拍摄的实图

（5）明暗框式

没有实物形成的框架容易寻找，它是通过光线照射形成的局部高亮与周围暗部形成对比产生的框式结构，如同追光灯所形成的主体提亮，以光照区域边界为框线，达成明暗反差的框式，如图5-35所示。

图 5-35　以明暗框式构图法拍摄的实图

需要注意的是，采用这种框架时，寻找到强度较高、集中聚拢、边际明显的光源是关键。

▶ 5.2.7　前景构图法：富有层次、对象醒目

前景构图法是指利用离镜头最近的物体来遮挡，以体现画面虚实、远近关系的一种构图方法。在前景构图中，前景是核心元素。有没有前景元素，所拍摄出来的效果差距非常大，图5-36为有无前景元素的拍摄对比图。

无　　　　　　　　　　　　　　有

图 5-36　有无前景元素的拍摄对比图

通过对比，相信大多数人更欣赏第二幅照片的构图。从构图的角度看，第二幅的画面比第一幅的画面更有层次感。第一幅照片的画面给人一种一眼看穿的感觉，而第二幅照片的画面则无意中会引导观众分步骤去看，先看海螺再看远处的霞光。

第二幅照片的画面之所以有这样的效果就是因为设置了前景，海螺就是一个前景。在前景构图中，前景表面上是在镜头前增加了一个遮挡物，其实反映的是第一视觉落点的问题。前者直接将被拍摄主体远方穿破云层的霞光作为第一视觉落点，后者将海螺作为第一视觉落点，之后才顺着画面纵深看到远处的霞光。这样让画面更有层次感，更适合大多数人在看待或接受一个新事物时的逻辑。在这里，前景就发挥着"主动地引导观众视线"的作用，这也是前景构图的最基本

作用。

因此，在前景构图中，必须会设置前景，以起到主动地引导观众视线的作用。其实，除此点之外，在画面中加入前景元素，还有很多其他作用。比如，突出主体；表现质感，强调大小对比；加强画面冲击力；赋予画面某种情感等。

（1）突出主体

前景有突出主体的作用，因为在拍摄前景时，往往采用广角低角度、小光圈等功能，背景会模糊，让画面形成递进的关系。这样一来，前景就变成了拍摄主体，进一步凸显出来。如图5-37所示。

看了图5-37的画面后，相信留在大多数人脑海中的就是那一盆花草。较之背后的整个大环境大多数人只会记住一盆花，这就是前景的作用。

图 5-37　突出主体的前景元素

图 5-38　表现质感的前景元素

（2）表现质感，强调大小对比

这一效果产生在广角低角度拍摄时，因为越靠近镜头边缘，产生的形变越大，此时的前景会被放大，与远方的景象形成对比。如图5-38所示，在拍摄沙滩、岩石时，借助广角低角度安排前景，可以突出沙石的质感。

（3）加强画面冲击力

这一效果通常用在从下往上仰拍时，如图5-39所示。图5-39中拍摄的虽然是天空和枯树，但镜头前的那几片红叶却更引人注目。而正是这些红叶也让整个画面更富有冲击力。

图 5-39　加强画面冲击力的前景元素

（4）赋予画面某种情感

同样的画面，加与不加前景，所传达出来的情感是不同的，如图5-40所示。

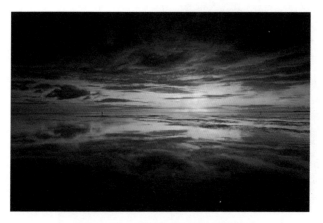

图 5-40　缺乏前景元素的构图

一副纯风景画面表达的是自然之美，而如果中间加一个人的背影，则会产生强烈的个人情感倾向（图5-41）。

图 5-41　赋予画面某种情感的前景元素

加进这个小小的人物后，迅速聚焦了观众的目光，营造出了一种"念天地之悠悠，独怆然而涕下"的深远意境。

▶ 5.2.8　景深构图法：光圈调节、效果对比

在了解景深构图法前，先了解一下景深的概念。景深是指当某一物体聚焦清晰时，从该物体前面某一段距离，到后面某一段距离内所有景物也是清晰的，相对应的其他地方是模糊的，相对清晰的这段距离就叫景深。

景深构图是指，通过模糊画面前后一段距离外的背景，来突出被拍摄主体，凸显主题的一种构图方法，如图5-42所示。

从概念中可以看到，利用景深构图时，最关键的就是拍摄景深，景深越清晰，其背景就会越模糊。换句话说，只要掌握了拍摄景深的方法，就很容易学会这一构图法。那么，拍摄景深的方法有哪些

图 5-42　以景深构图法拍摄的实图

呢？具体做法如下。

（1）尽量靠近被摄体

在拍摄时，应该尽量靠近被摄物体，这样主体与背景间的距离就会增加，比在远处拍摄时的虚化要好。

（2）调整光圈

景深与光圈有直接关系，光圈大小决定画面景深，利用手机进行景深构图，最直接的方法就是加大光圈。景深与光圈的关系如图5-43所示。

图5-43　景深与光圈的关系

对于任何光圈孔径，其焦点之后的景深范围大约是焦点前面景深的两倍，光圈数值越小，光圈越大；光圈数值越大，光圈越小。

（3）调整焦距

焦距需要配合光圈使用，手机摄像头本质是小广角定焦，通过焦距和光圈的作用，很容易就能获得一张构图干净、前景主体清晰，背景虚化模糊的画面。

图5-44　景深与焦距、光圈的关系

景深与焦距、光圈的关系如图5-44所示。

可能有人会问，如果手机没有自带光圈，怎么办？可以通过以下两种方式来增加虚化效果。第一，可以通过外置镜头；第二，可以通过后期APP。

① 利用外装镜头。上面提到的景深效果与焦距也有关，焦距越长模糊（虚化）效果也就越好，所以可以通过外装长焦或者是微距镜头拍摄小景深，这两种镜头都可以做到！

② 通过APP后期改变画面的景深。现在有很多APP有改变画面景深的功能，可以通过后期模糊或虚化背景，来突出主体。

▶ 5.2.9　对角线构图法：拍出独特视角

利用对角线构图法拍摄出来的画面富于动感，显得活泼，容易产生线条的汇聚感觉，吸引人的视线，达到突出主体的效果，如图5-45所示。有效利用画面对角线的长度，将画面分割，使拍摄主体与陪体发生直接关系。

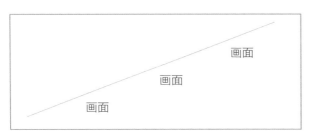

图 5-45　对角线构图法线形图

斜线具有变化和动感。在表现静态时，通过垂直或横向的线条，可以表达严肃或宁静的气氛。对角线构图法的关键，是把被拍摄主体放在画面的对角线上。在具体拍摄时，可以调整被拍摄主体的身体线条，使之在画幅中形成动感的斜线，并倾斜向画面的对角，也可以使画面中背景或陪体的线条形成对角形式。

接下来，我们通过图例讲解在具体的拍摄中，如何凭借构图中视点的运动来营造对角线的感觉。

（1）通过被拍摄主体

对角线构图往往是通过画面的某条曲线和斜线来直接表达的，尤其是当被拍摄主体本身就是一条线时，可以通过巧妙的设计，让其呈斜线呈现，如在图5-46中就是采用了这种拍摄技巧。

图 5-46　以对角线构图法拍摄的实图 1

（2）通过背景、道具和空间的呼应构成对角线构图

在对角线构图中，不仅仅可以通过被拍摄主体自身的线条感来构成对角线，还可以通过画面中其他部分的呼应来构成对角关系。如在图5-47中就是通过手机与背景的呼应关系构成的对角线。

（3）通过倒机位构成对角线

为了追求画面的动感，或最大限度的利用画面的长度空间，往往会采用倒机位。倒机位是摄影构图技巧中一种特殊的手法，是指在拍摄中刻意将一些不可改变的倾斜线条，通过旋转相机来倒正，在拍摄时旋转相机使被拍摄主体处在画面的对角关系上，如图5-48所示。

图5-47　以对角线构图法拍摄的实图2　　图5-48　以对角线构图法拍摄的实图3

对视频进行剪辑，强化画面视觉效果

▶5.3.1 视频转场，将多个视频无缝对接

随着短视频的发展，人们对视频画面质量的要求也越来越高。这就需要对视频进行后期剪辑。视频剪辑是指将加入的图片、背景音乐、特效、场景等素材

与视频进行重新混合，对视频源进行切割、合并，通过二次编码，生成具有不同表现力的新视频的过程。

　　短视频作为一种新兴的传递情感的载体已被越来越广泛的使用，视频剪辑越来越受到关注。为什么别人的视频那么酷炫？很重要的原因就是后期剪辑做得好。不会剪辑，内容再好，也不会有什么亮点；反过来讲，一旦懂得剪辑技巧，即使内容不是很出彩，依然可以获得不错的点击量，这就是技巧。

　　视频转场是视频剪辑的主要内容，也叫转场。是指通过特技切换台或后期软件中的特技技巧，对两个及以上的视频进行特技处理，完成场景转换的方法，纵观微信视频号上很多视频，尤其是热门视频都是经过转场的。有的视频短短的几秒钟会出现多个镜头切换，而且是无缝对接。其实，这就是转场。转场是一种剪辑效果，假如视频中从头拍到尾就一个场景，不但无法展现出丰富的内容，给观众的视觉感受也会很差。

　　而要想展现多场景，就必须将多个视频串起来，然后运用转场技巧进行剪辑，让视频与视频之间的衔接流畅自然。那么，视频转场有哪些技巧呢？可以让观看者在视频中体验多个场景的不同感受。

　　视频转场的操作步骤相对简单，只要下载了相应的软件或APP，按照提示就可以操作了。对此，不再赘述，重点介绍一下在制作视频转场过程中经常会使用到的一些技巧，这些技巧具有普适性，不局限于某个软件或APP。

　　常用的转场技巧有8个，具体如图5-49所示。

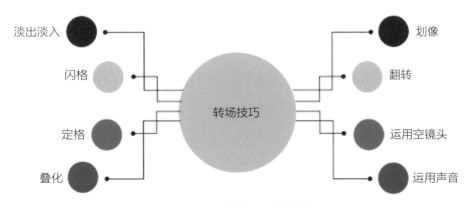

图 5-49　常用的 8 个转场技巧

（1）淡出淡入

淡出淡入是最常用的技巧，被认为是两个视频之间过渡最自然的一种方式，可以很好地掩盖镜头剪辑点。为了更好理解，我们将其分开来定义，淡出是指前一个视频的最后一个镜头逐渐隐去直至黑场，淡入是指后一个视频第一个镜头画面逐渐显现直至正常亮度。

需要注意的是，淡出与淡入之间黑场或泛白时间可以根据视频情节、情绪、节奏的要求自由设置。例如，有的视频特意延长黑场时间，以给人一种间歇感。 在调节淡出与淡入之间的黑场或泛白时间长短上常常用到以下两个技巧。

1）减淡　减淡是一种画面的渐隐技巧，比如，放慢渐隐速度或添加黑场等。通常是为了着重表达一种情绪，比如抒情、思索、回忆等，因此，也常用于情绪表达类视频。

2）闪白　闪白这种技巧与减淡相对，是一种画面渐现技巧。一般是在原素材上调高中间调和亮度，再叠化，这样画面的亮部先泛出白色，然后整个画面才显白。感觉就像光学变化，不单调，还能保持即使在最白的时候也隐约有东西可见的效果。

（2）闪格

闪格与淡出淡入类似，但原理不同，它不是在视频原素材基础上做一个黑场和白场的过渡。而是就在视频原素材之间直接插入一个黑场或者白场画面，但是由于时间非常快，观众很难注意到，画面带来的冲击感也是一闪而过。

（3）定格

定格是指将视频画面运动的主体突然转变为静止状态的一种技巧。可以起到强调某一主体的形象、细节、制造悬念、强调视觉冲击力的作用，多用于片尾或较大段落结尾。

（4）叠化

在淡入淡出的过程中两个镜头会有几秒的重叠，镜头质量不佳时，可借助叠化来冲淡镜头缺陷，达到柔和、舒缓画面的效果。让前一个镜头从模糊到逐渐消失，后一个镜头逐渐清晰直到完全显现。具体是指前一个视频最后镜头的画面与后一个视频第一个镜头的画面相叠加的技巧。

适合运用叠化的几个特定情境，如图5-50所示。

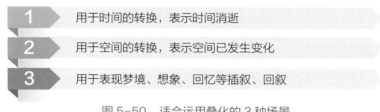

图 5-50 适合运用叠化的 3 种场景

（5）划像

划像多用于两个内容意义差别较大的视频画面转换时。可分为划出与划入，划出是指前一画面从某一方向退出荧屏，划入是指下一个画面从某一方向进入荧屏。根据画面进、出荧屏的方向不同，可分为横划、竖划、对角线划等。

（6）翻转

翻转用于对比性或对照性较强的视频画面转换时，是指以屏幕中线为轴让画面转动，前半段是正面画面逐步消失场景，后半段是背面画面转到正面的开始场景。

（7）运用空镜头

空镜头转场的方式在影视作品中经常可以看到，例如，当某一位英雄人物壮烈牺牲之后，经常接转苍松翠柏、高山大海等空镜头，主要是为了让观众在情绪发展到高潮之后能够回味作品的情节和意境。

值得注意的是，这种衔接方式强调的是视觉的连续性，并不适用于任意两个镜头之间，在实践中需要注意寻找合理的转换因素和适当的造型因素。

（8）运用声音

是指用音乐、音响、解说词、对白等，与画面配合实现转场。第一种是利用声音自然过渡到下一阶段，承上启下、过渡分明，转换自然。第二种是利用声音的呼应关系来实现时空的大幅转换。第三种是利用声音的反差来加强叙事节奏以及段落区隔。

▶5.3.2 运镜技巧：增加视频画面多样化

在拍摄短视频时会遇到很多问题，比如，如何使用手持稳定器，如何选择拍摄角度，以及如何转场等。要想解决这些问题就涉及到了另一个拍摄技巧：运镜。

运镜也叫运动镜头，顾名思义是指通过推、拉、摇等动作，让拍摄镜头发生位置变化和空间转移。巧妙运用运镜技巧可以让视频画面富有变化，让视频主题的气氛和情感更加立体化。常用的运镜方法有8个，如图5-51所示。

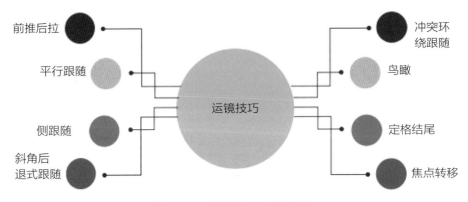

图 5-51　常用的 8 个运镜技巧

（1）前推后拉

前推后拉是两个运镜方法，前推运镜和后拉运镜，两者是一个相对的拍摄方法。前推是一个从整体到局部的拍摄方法，具体是指当镜头着眼于被拍摄主体时，将镜头向前推，或者拍摄者向前推稳定器，直到展示出拍摄对象的局部细节。同理，后拉是指将镜头向后拉，或者拍摄者向后拉稳定器，直到展示出拍摄对象的背景全貌。

前推后拉是一个从整体到局部，从局部再到整体的运动性拍摄方法，整个过程要求在运动中进行，而且在拍摄过程中需要将稳定器设置成全跟随模式。

（2）平行跟随

平行跟随运镜相对比较好理解，是指跟着被拍摄对象，缓慢地平行推进，以充分展示被拍摄主体的整体状态。这种方法多用于拍摄人物，更注重表现人物状态及内心活动。

需要注意的是，在使用这个运镜方法时有个小技巧，即配合"滑动变焦"，这样更能体现人物的焦虑、紧张。

（3）侧跟随

与平行跟随相似，只不过跟随的位置发生了变化，要求跟着被拍摄主体左右推进。这种运镜方法可充分展示人物与环境的关系，适用于连续表现人物的动作、表情或细部的变化时。

（4）斜角后退式跟随

这种运镜方法是在侧跟随运镜的基础上做了进一步的改进和提升，目的是更大范围地展示人物和环境的动态关系，在取景上更有代入感。具体要求拍摄者在侧跟随的基础上向斜后方后退，将稳定器设置为航向跟随模式，或者水平移动或垂直方向的锁定模式。

比如，被摄主体沿着直线往前走，拍摄者就可以拿着稳定器一直往斜角方向后退。最终的效果就是拍摄对象越来越小，但是个人所在的环境会越来越丰满，越来越丰富。

（5）冲突环绕跟随

冲突环绕跟随是一种难度较大的运镜方法，要求与被拍摄主体朝着相反的方向运镜，制造出画面冲突视觉。这个需要拍摄者跟着被拍摄主体反向运镜，等到被拍摄主体走到跟前的时候，再转动镜头；当对方靠近后，再跟随被拍摄主体身后展示所面对的环境。

在运用这样的镜头时，同样需要把稳定器设置成为全跟随模式，也就是说，在水平和垂直方向，稳定器都可以运动，这样就可以或高或低、或俯或仰的自由拍摄了。

（6）鸟瞰

鸟瞰运镜常用于高空或高角度拍摄，目的是展示整个俯瞰的画面，能给人以壮观和自由的感觉。具体操作需要把手机或相机装在拍摄专用的机械臂上，然后按需要移动。但由于这种运镜方式需要较多时间组装器材，拍摄前记得做足前期制作，以免浪费时间。

（7）定格结尾

好的结尾是整个视频的点睛之笔，为了凸显结尾的作用，可以采用这种运镜方法。

操作也非常简单，一般采用半环绕—后拉—定格的操作，即被摄主体站在原地不动，拍摄者手举稳定器慢慢往后退，逐渐后退直到人物融入到自然环境中。隐喻这段高潮的结束，或是另一段叙述的开始。这样的环境能够让观众从视频的故事，或某种情绪中抽离出来。

（8）焦点转移

拍摄时随着主体的移动，改变对焦距离，或者将对焦点移至另一个主体。拍摄前，最好先将镜头调到对焦的起点，再在对焦环的胶带上作标记，然后再将镜头调到第二个对焦点，再作标记。拍摄时按照这些标记调校焦点就能更准确地对焦。

这种运镜方法可让移动中的主体保持清晰，或者引导观众转移焦点，例如在电影里的对话，将对焦点从一个人移到另一个人身上。

总之，想要拍出有吸引力、有张力的视频，运镜是最基本的技巧之一，无论拍什么样的短视频，它都离不开这几个通用技巧和画面整体构图。

▶ 5.3.3 加入特效，特定氛围的精心营造

一个好的视频必须有精良的后期制作，而在视频的制作上，微信视频号有很大的短板。这是因为微信视频号本身没有特效功能。仅有的一些编辑功能也是最基础的，比如，文字添加、音乐添加、视频转场等。而这些远远无法满足制作精良视频的需求，这在一定程度上限制了创作者的编辑和创新力。因此，要想在微信视频号上给视频添加特效，只能借助第三方编辑软件。

那么，常见的特效有哪些呢？

（1）滤镜特效

滤镜特效是短视频常用到的一个特效功能，因为要想制作的视频更精致、更有魅力，必须借助滤镜特效。滤镜特效功能非常多，可以让视频画面展现出各种不同的播放效果。

具体功能与用到的软件有关，不同软件上的特效有很大的不同。

（2）时间特效

时间特效主要是从视频的时间角度，对视频添加3类特效效果，可以让视频

快放、慢放、倒放,还可以让视频闪一下。

这几个特效是几乎每一款软件上都有的。除了这几款普适性较广的特效外，还有很多小众、特色特效，这些就是某一款或几款软件上独有的了。利用这些特色特效和强大的视频处理功能，可以让创作者轻松变成短视频达人。下面介绍5款比较有特色的特效软件，如图5-52所示。

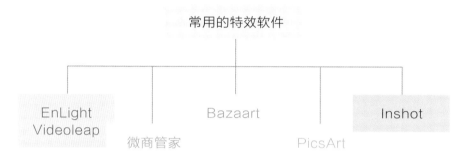

图 5-52   常用的 5 款特效软件

1）EnLight Videoleap。

EnLight Videoleap能实现很多电脑剪辑软件的特有效果，堪比PC端的Pr，它的特色功能有创意合成、高端工具。

① 创意合成。这款软件里面有一个混合器功能，可以做出很有创意的合成特效，将视频和图像混合在一起，打造双重曝光和艺术外观。而如果使用软件的转换、屏蔽和混合模式自定义图层，就能做出大片般的后期效果。 不过这款软件自带的滤镜不多并且颜色偏复古，所以可以在剪辑完成后再选择其他软件调色。

② 高端工具。这款软件拥有添加关键帧和蒙版等一系列专业功能。在具体运用时可以逐帧调整，添加转场、音乐等，非常适合用来音乐卡点和精细化视频调整。还支持4k高清导出，电脑播放毫无压力。

2）微商管家。

微商管家是时下热门的微商作图工具，从批量制作全屏水印到海报广告模板套用，满足微商所有的作图需求；各种朋友圈文案、图片、热点，一键转发，轻松玩转朋友圈。

其特色功能有3个。

① 图片批量处理：最多可以添加100张图片，批量添加水印、二维码、贴

纸、文字等，多图一键同步处理，轻松方便。还有微商个性水印，充分展示品牌信息，防盗图。

② 一键添加视频水印：可以在视频上添加水印、二维码、贴纸等，让视频制作更方便。

③ 一键去视频水印：在抖音快手上看到喜欢的视频，想拿来用但是有水印怎么办？使用一键去水印功能，就能得到自己想要的效果。

④ 制作微信聊天对话：此功能为微商管家独有特色功能，可以制作微信聊天对话。除了文字聊天，还能添加语音、转账、红包、好友列表等。

3）Bazaart。

抖音上曾有一种超火的恶魔缠身特效，就是用这款软件完成的。该软件不仅能提供最专业的图片剪切，还拥有可以自动或手动删除任何照片的背景这种便捷功能。

软件的特色功能主要有3个。

① 通过简单的触摸手势就可以进行选择照片、比例、旋转、位置、复制和翻转等操作。

② 一键去掉照片背景，适用于海边、山顶、天空等大场景。

③ 最多可以添加100个图层，并且每个图层可独立编辑且所有改变都是可逆的。

4）PicsArt。

该款软件最大的特色是修图和手绘图片，之前很多火爆的短视频特效，例如，画婚纱、画头纱都是用这个软件制作的。

① 超大数据库，拥有3000多种修图功能和美颜特效，1000多万张免费素材图片，以及超过300万张贴纸。

② 手绘照片：可以对一张照片进行手绘处理，线条都是自己画出来的。

5）Inshot。

Inshot上有丰富的视频转场特效，内置潮流音乐，可添加视频录音，可做解说、旁白等。用户通过软件自带的各种方便、强大的功能可以轻松制作出自己想要的各种效果，同时还能一键分享到各社交平台上。

▶ 5.3.4 色彩处理：校正视频画面的色彩

随着人们对视频画面质量的要求越来越高，视频画面的色彩也逐渐被重视。为了保证视频画面色彩不失真，通常需要在拍摄时或后期制作过程中对色彩进行专门处理。

色彩处理对视频质量的提升来说是重要一环，处理得好与坏，直接决定着视频对粉丝的吸引程度。色彩是粉丝在看视频时最直观的感受。作为一名微信短视频创作者，不管拍摄什么类型的视频，都必须确保画面色彩准确。

这时问题来了，视频画面的色彩往往是最难把控的。第一，不同拍摄设备、镜头会使视频色彩产生不同的倾向，在同一场景下，使用不同手机、摄影机拍摄出的颜色都会有很大差别；第二，不同的客户会通过不同的显示设备进行观看，设备不同，画面的色彩也会有所差异，同一个视频在手机、电脑、电视等不同播放终端呈现出的颜色也不一样。

那么，如何100%还原视频画面的颜色呢？这就需要提升拍摄画面色彩的准确性，至于粉丝观看视频时的设备对画面色彩的影响是客观存在的，而且不会随我们的意志而改变，我们只能尽量优化。

下面将从拍摄、监看两个环节着手示范，分析短视频画面色彩处理的技巧，实现视频从拍摄到发布全流程的色彩管理。

（1）拍摄阶段：色卡

色卡，是确保视频得到准确颜色的一个必备工具，它就像我们学习几何必须用尺子一样，是一个很好的参考，它能够保证我们整个拍摄流程下来，颜色的准确性。色卡就是颜色的标准，有了统一标准，就可以对照色卡对颜色进行微调，以使不同设备，不同时段拍出来的视频颜色更加接近。

比如，在上午、中午、下午3个时间段分别拍摄同一场景，由于拍摄时间不同，画面的色温也会不同。这时色卡就能起作用了，匹配3个不同时段的色卡，就可以很快完成后期的剪辑和调色工作。

再比如，在同一场景下，使用不同设备进行多机位拍摄时，可以每个机位都拍一个色卡，借助它对所拍的视频进行色彩校正，把校正结果应用到素材上，匹配不同机位拍摄的素材，这样在后期制作时就不用花心思去匹配不同摄像机的颜色了。

目前，常见的色卡有表5-2中所列的4类。

表 5-2　色块的类型与作用

色卡类型	色块	作用
24 色卡	4 个色块，每个色块 6 种颜色共 24 种。6 个色彩色块、6 个肤色色块、6 个灰度色块、6 个高亮 / 阴影色块	色块种类齐全，可以保证在视频拍摄时获得想要的色彩平衡
三级灰阶色卡	3 个色块，分别为白色、40 IRE 灰色以及黑色	可以帮助获得准确的曝光和对比度，确保拍摄画面呈现出准确的中间调（如肉色）
对焦卡	/	确认或调整镜头的法兰焦距或后焦距。完成对焦测试后，可以用对焦卡对比测试同个项目所使用镜头的锐度
白平衡卡	/	白平衡是所有拍摄的起始关键，确保所捕捉的画面色彩更加一致，后期剪辑切换时也不会显得很突兀

（2）拍摄后：监看

拍摄完成之后，就进入后期制作阶段。这时，需要做一件非常重要的事情，就是利用专业监看设备进行现场监看，对色彩进行校正。这是确保拍摄素材色彩精准的重要步骤，也是视频在输出设备得以尽量保持原色的主要手段。

前面我们讲到影响视频画面色彩的主要因素之一，就是观看者使用的输出设备。可能会有人说："别人用什么设备看我又控制不了，自己校正又有什么意义？"诚然，别人用什么设备看我们控制不了，但可以尽量减少视频误差。如果视频一开始输出的就是最佳状态，那最终不管在什么样的显示设备上显示，它看起来一定会比其他过曝或者过暗的视频好很多。这也会让我们的视频在激烈的竞争中多一些优势。

需要注意的是，在拍摄短视频之前需要先花点时间校正监视器，保证它所呈现出的色彩是准确的。否则，无论后期校正得多么好，校正出来的色彩也是有误差的。一旦成片色彩有偏差，无论事后用什么显示设备观看，这种误差是不会消除的。

▶ 5.3.5　添加贴纸：妙趣横生的附加元素

经常看短视频的人都知道，很多短视频画面中会添加妙趣横生的贴纸。

在视频画面中添加贴纸不是必须，但在一些特定时刻非常有必要。例如，在美妆、婴幼儿类等一些题材的视频中常常会添加相应的贴纸，一方面是主题需要，另一方面是为了营造一种可爱、轻松、幽默的观看体验。如图5-53中就是某美妆测评号的视频，画面上因添加了很多妙趣横生的文字贴纸而变得丰富多彩。

又例如，在拍摄视频过程中可能会拍到一些无关的人或景，如果怕影响到整个视频的效果，或怕侵犯别人隐私的话，可以添加贴纸，这会比打马赛克效果要好。

再例如，有些贴纸还可以起到提示、指示作用，如圆形、手指、箭头等，能将画面中需要凸显的信息加以明确，便于粉丝在观看时重点关注。

图 5-53　添加文字贴纸的视频

综上所述，贴纸有很多作用，适用于多种场景，具体作用如表5-3所列。

表 5-3　贴纸的作用和应用场景

贴纸的作用	应用场景
美化画面	适用于视频画面过于呆板时，可营造轻松、活泼的气氛，增加观看情趣
丰富内容	适用于视频内容过于单调时，可使内容更充实，便于粉丝获取更多信息
遮挡信息	适用于需要遮挡与视频无关的人或景时，可避免侵权
提示信息	适用于需要凸显视频中某些关键、核心信息时，可以起到提示、指示作用

▶ 5.3.6 视频剪辑：借助制作软件打造出彩画面

很多爆款短视频并不是一气呵成式拍摄完成的，必须通过后期制作，一点点剪辑出来。这时就需要借助剪辑软件，对情节、背景音乐、特效、场景等重新组合，对视频源进行切割、合并，通过二次编码，生成具有不同表现力的新视频。

那么，如何选择剪辑软件呢？目前市场上有很多，基本功能都大同小异，但不同软件有各自的特色。在具体选择上，可以根据实际需求而定。

（1）乐秀：基本功能最全

如果你是一名新手，建议使用乐秀。这是一款Vlog剪辑与视频制作裁剪工具，其最大优势就是基础功能较全，而且操作也相对简单。只需要经过简单的几步，就可以将照片、视频制作成爆款视频，被誉为人人都会用的拍摄神器。

乐秀的基础功能，具体如表5-4所列。

表 5-4　乐秀的基础功能

功能名称	功能解释
视频主题	提供多种视频主题模板，并可以快速运用于视频中
轻松涂鸦	在视频任意位置上涂鸦，想怎么画就怎么画
视频剪切	在视频的任意位置剪切，想剪哪里剪哪里
艺术字幕	拥有 APP 里最丰富的字体及字幕画框
画中画	在视频全屏播出的同时，于画面其他局部区域同时播出另一视频
智能转场	丰富的转场效果，精美视频必备
热门音乐	加入喜爱的歌曲作为配乐，支持自定义添加
添加马赛克	可以在视频需要遮挡的地方添加马赛克
海量素材	素材商店提供海量贴图，支持动态贴图
其他	视频压缩、视频转码 MP3、快速剪切等各种便利工具

添加视频后，如果想直接发布可以选择"主题"，比如，旅行、亲子、生活等，如图5-54所示，选中某个主题后应用于视频中即可。主题是一个模板，已经

设置好字幕、音乐和滤镜等，几乎包含了一个精美短视频的所有元素。

如果想进行更精细的创作，则需要分步骤编辑，根据视频需求选中最适合的操作，比如给视频加特效，加字幕、配音、加gif动图等。

图 5-54　乐秀选择主题的素材中心

（2）小影：有多项独家特色功能

　　小影是一款制作短视频的手机APP，其最大优势是有多项独特的独家功能。除了常用的视频美颜、动画贴纸、多字幕添加、配音/配乐等常规功能外。还有语音转文字、音频提取、一键大片、网红滤镜、炫酷特效等，如图5-55所示。

图 5-55　小影 APP 的界面

　　小影的特色功能，可以最大限度地满足创作者制作炫酷短视频的需求。那么，小影有哪些独家功能呢？具体如表5-5所列。

表 5-5　小影的特色功能

功能名称	功能解释
炫酷特效	具有为视频加入雷电闪鸣、科幻技能、各类炫酷特效等大片感十足的画面特效的功能
网红滤镜	具有调色滤镜、特效滤镜、参数调节等独家滤镜功能
语音转文字	可将视频中的语音转化文字
音频提取	可将音频类视频中的声音提取出来，转化为文字
动画贴纸、气泡字幕	个性气泡字幕，字体、颜色、显示时间可随意调配
配音、配乐	内置众多热门歌曲，可自主添加本地音乐，音频可加速还可变音
剪辑	逐帧剪切、复制镜头、镜头加／慢速等，最全的剪辑功能
社区互动	小影有自己的特色社区，互动很方便

　　除上述常用的两款软件之外，还有剪映、会声会影、快剪辑、巧影、爱剪辑等，具体可根据实际需求、使用习惯来选择。

第6章

商业变现：
没有变现所有运营都等于零

　　运营自媒体最终目的是变现，如果没有变现所有运营都等于零。视频号目前的变现途径相对比较单一，绝大部分来自公众号链接，有一部分来自广告植入。因此，在视频号变现上不但要做好自身的内容，还需要打造一个与之相对应的优质公众号。

"视频号+"链接变现

▶ 6.1.1 视频号+公众号

微信视频号在变现上主要有3个途径，一个是公众号链接、一个是直播，还有一个是广告。最成熟的方式还是公众号链接，它承担着80%的引流工作，通过公众号既可以直接变现，也可以以此为中转引流到个人微信、小程序、社群等。

直播和广告，尽管在做但面临的限制也很多。

视频号+公众号这种方式，是在视频号文案中直接添加公众号文章链接。例如，某演讲教练在视频文案中添加了公众号文章链接"你说话的细节，暴露了你的专业修养"，粉丝直接点击链接即可阅读相关文章，如图6-1所示。

图6-1　视频号中带有公众号文章链接

这种变现方式是其他平台从来没有过的，操作容易，人人可轻易上手，收获多少基本上取决于视频号的引流情况。局限性是不适合直接卖货变现，所售卖品类也十分有限，多适合于线上虚拟产品，比如，线上课程，付费阅读等，托尼富等多采用这种方式。

图 6-2　托尼富微信视频号上的知识付费阅读

添加公众号链接成为微信视频号变现的主要途径，那么，应该如何添加呢？具体步骤如下。

① 打开微信客户端，找到想要添加链接的微信公众号，复制这个公众号的链接；

②进入到视频号的主界面，进入"我的视频号"点击右上角的相机按钮；

③拍摄或者从相册选择一段视频发布，点击"扩展链接"，如图6-3所示；

④ 点击"扩展链接"后，将复制好的公众号链接粘贴上去即可，如图6-4所示。

图6-3　微信视频号上扩展链接功能　　图6-4　微信视频号添加公众号文章链接入口

▶ 6.1.2　视频号+公众号+社群/APP

视频号+公众号+社群/APP这种变现模式是视频号+公众号模式的延伸，即在视频号中植入公众号文章链接，通过公众号再引流到社群/APP中。

在这里公众号只是一个引子，是链接视频号和社群/APP的桥梁。它的路径是：视频号→公众号→二维码/客服个人号→社群/APP，这种方式较之6.1.1中视频号+公众号的变现模式路径变长了。正常来讲，变现路径变长后，变现效果也会变差，这也是很多人所担忧的。这就需要做好几个环节之间的衔接，提高公众号内容质量，加入利益驱动因素，引导粉丝主动进入到最终环节。

● ● ●

● 案例2

"樊登读书会"是微信视频号上知名度比较大的一个读书类账号，以解读、推荐图书为主。因此，荐书也成为该账号变现的主要方式。变现方法就是直接在视频号中植入公众号文章链接，通过公众号文章再引流到APP中。

图6-5中是"樊登读书会"的一则短视频，文案中植有公众号文章《请查收

2020年的第一份礼物：7本好书永久免费》，而在文章的末尾附有领取书籍的二维码，在领取的过程中逐步引流到"樊登读书会"的APP。

图 6-5　樊登读书会用短视频引流到 APP 中

其实，这就是一个引流过程，从视频号到公众号，再到APP下载，最终完成宣传推广APP的目的。

社群/APP营销是移动互联网时代最主流的方式之一，其效果也是最好的。但缺点也很明显，那就是粉丝获取能力较差，往往需要第三方平台辅助引流。视频号的引流能力加上社群/APP的终端消费能力，未来必将打造出一条强有力的变现途径。

▶ 6.1.3　视频号+公众号+小程序

这种变现方法与上一种视频号+公众号+社群/APP本质上是一样的，都是以公众号为媒介，将视频号流量引流到第三方平台。不同的是，公众号与小程序的连接链条更短，不需要植入二维码，通过文字、图片或小程序卡片就可以跳转到小程序页面，并且还可跳转指定页面，一步到位。

视频号+公众号+小程序这种变现方式的关键，就是需要提前在公众号文章中植入目标小程序，这样，观看视频号的粉丝一旦点击公众号文章链接，就可以直接进入小程序中。

有人认为视频号＋公众号＋小程序这个变现链条更实用，因为较之社群/APP，小程序在产品推广营销能力、变现能力上更胜一筹。为品牌广告植入提供了新的可能，在各种商业推广上显得更加便捷；尤其是在知识服务、社群运营类产品上，诸如类似小密圈，小鹅通，轻课云等，服务更高效，呈现方式更丰富。

小程序在产品推广营销能力、变现能力上更优秀的原因有3个，如图6-6所示。

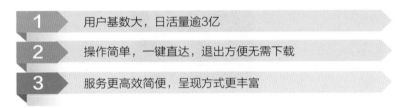

图 6-6　小程序推广能力、变现能力强的原因

当粉丝看到视频上的种草产品后，可直接通过链接进入小程序商店进行选择和购买。这与抖音里的购物车功能类似。较之抖音里的购物车，视频号上的跳转小程序更简单，基于微信生态的交易闭环，由触达用户到转化下单只需两步。

另外，视频号＋小程序开通了直播，这样就多了一种变现路径：即公众号＋小程序直播。全民直播时代已经来临，人人都争当风口上那只会飞的"猪"。2020年2月17日，微信小程序直播开启公测，可直接内嵌到商家小程序，和公众号打通，直播吸引的流量都沉淀在商家自有小程序中，不用跳转其他渠道，有利于形成私域流量，转化率高。所以，视频号＋公众号＋小程序这种变现方法，可挖掘的潜力更大。

从普通视频号博主的角度，"视频号＋公众号＋小程序"是为他们新添了一个内容创作以及与粉丝互动的渠道，而从新媒体运营的角度来看，则是多了一条变现方式。

▶ 6.1.4　视频号＋直播

微信视频号在几次改版之后，终于上线了直播，这是市场的需求，也是广大用户的需求。上线直播意味着可以进行直播带货，直播带货无疑是移动互联网时代最受欢迎的变现方式，深受商家的追捧。对于平台而言，也是一种非常好的模式，各大平台内部都在鼓励内容自媒体尝试与直播带货的融合，以形成可良性循环的变现模式。

比如，以抖音聚焦年轻人潮流个性的生活态度，平台调性让内容种草＋直播带货成为品牌品效合一的最佳组合拳。微信视频号推出直播功能，无疑也是在引导用户去做直播带货，以增强平台的变现能力。

　　进入微信视频号个人主页，就可以看到直播入口，如图6-7所示。点击发起直播，你可以直接进行直播，也可以向你的粉丝先进行直播预告。预告信息显示在视频号下方，粉丝可以预约直播，主播则可以撤销预告。直播开始时，预约过的用户就能收到开播通知。

　　如果是新手，想进一步了解直播的相关知识，可以进入设置页面，在创作指南中查看。

　　从发展趋势来讲，直播肯定是最具有变现潜力的，但就视频号所处的发展阶段看，离真正的变现还有一段距离。微信视频号目前的直播功能非常简单，可以说没多少用户探索的空间。

　　除了本身的美颜之外，视频号直播无法对直播间光线、磨皮、滤镜进行调整，也没什么配乐选择，只能根据要求调用前置摄像头和后置摄像头。

　　在商品管理上，整个功能极为简单，目前来讲，想要充分辅助直播还非常有限，主要有以下3个功能，如图6-8所示，右下角的圈中便是添加商品按钮。

图 6-7　微信视频号直播入口　　图 6-8　微信视频号直播功能

（1）添加商品

点击直播页面右下角购物袋状的按钮，即可添加商品。

（2）分享商品

点击右上角的"…"，可以将直播分享给好友或分享至朋友圈（关闭评论或对直播窗口进行最小化等操作也在此）。

（3）粉丝管理

点击图左上红圈中代表"在线观众"的位置后可以看到观众的ID和头像，在此也可以对用户进行禁止评论，移入视频号黑名单或投诉等操作。

▶ 6.1.5　视频号+微信小商店

微信小商店是微信小程序推出的一套快速开店，无需开发的卖货平台。目的是为了降低小程序生态经营和卖货的门槛，让中小微商家、个体创业者快速拥有自己的小程序店铺，在微信内实现电商业务的自主运营。

在2020年初腾讯全球数字生态大会中，官方曾表示微信小商店未来会打通微信内各个流量场景，比如，公众号、小程序等。2020年10月，改版后的视频号率先打通了与视频号的链接通道，这也催生出了视频号一个重要的变现途径：微信视频号+微信小商店。

进入视频号设置页面，即可看到我的小商店，如图6-9所示，单击即可创建开通，同时关联视频号，如图6-10所示。

图 6-9　微信视频号中的　　图 6-10　小商店关联
　　　"我的小商店"　　　　　　视频号界面

微信小商店与抖音中的"商品橱窗"如出一辙，进入"我的小商店"界面，如图6-11所示，既可以添加自己的商品，也可以借助第三方平台进行带货。

添加自己的商品在"我的商品"中，单击新增商品，即可自主添加、编辑和管理商品。

借助第三方平台带货在"我要带货"中，单击即可进入第三方平台，根据自己的优势和需求选择商品即可。

微信小商店还有一个强大的营销工具：店铺直

图 6-11　微信视频号中的我的小商店　　图 6-12　我的小商店中的直播界面

播，如图6-12所示。小程序直播是小商店自带的一个功能，创建成功后，可以直接在直播间售卖自己的商品，更好地让粉丝了解店铺和商品，提升店内商品转化率。

直播带货目前是自媒体变现的主要渠道，也是最大风口，很多短视频平台都已经有了成熟的直播、聊天系统，倾尽所有抢夺直播这一块的市场。微信小商店嵌入直播功能可以说切实迎合了广大用户的需求，较之短视频，人们更愿意在直播中消费。这也是市场对视频号+微信小商店变现能力的期待，这一链条一旦完善、成熟，将大大提升视频号的盈利空间。

6.2 广告植入变现

▶ 6.2.1 在视频内容中植入广告

哪里有流量，哪里就有广告，尽管当前微信视频号在广告变现能力上还比较欠缺，仍未能被当作独立的平台得到企业、品牌主的重视。但类似的做法一直有人在尝试，日后一旦流量能够达到一定程度，必将成为广告主的必争之地。

微信视频号将以其轻、爆、快的优势，成为企业或品牌主互相争夺的营销新领地，而在视频内容中植入广告信息，无疑是一种重要的方式。

例如，京东为宣传双11购物节活动，就在视频中植入了促销活动的信息，如图6-13所示。

当然了，京东是个特例，如果你的企业知名度，品牌影响力不是足够大，尽量不要选择这种满屏广告的形式。让整个视频都承载着广告而播放，属于一种比较传统的方式。为了避免引起观众的反感，要尽量选择部分植入和隐形植入的方式，植入的广告不能过于"直白露骨"。

图6-13　京东微信视频号宣传双11购物节

那么，我们应该如何在视频内容中植入广告呢？可以采用以下几种方法。

（1）水印植入

即在视频画面添加嵌入企业/产品/品牌信息的水印，一般放在画面的边角处。这种方式既能达到宣传曝光的目的，又不是特别的扎眼，如果视频内容与企业/产品/品牌信息高度一致，这种方式更有效。

> ▶ **案例3**
>
> 陈翔六点半，是一个十分富有创意的爆笑类账号，擅长拍摄家庭幽默式的小情节短剧，在全网拥有很多忠诚粉丝，微信视频号也不例外。
>
> 喜欢陈翔六点半视频的粉丝可能就会注意到，在他的短视频中总是能看到"陈翔六点半"的水印，如图6-14所示。这也成了他视频的一大标志，让粉丝在第一时间就能将陈翔六点半区别于其他同类视频识别出来。其实，从营销的角度来看，这是一种营销方式，旨在扩大自己的曝光度，粉丝在观看视频的同时，就

潜移默化地接受了这一信息。

图 6-14　陈翔六点半视频中水印植入

需要提醒的是，视频中的水印信息必须是自己或与自己有关的，不能是他人的，否则会影响到视频的播放量。

（2）背景植入

背景植入是指在视频背景、装饰、道具、比较显眼地方，或是视频播放高潮部分适当插入企业/产品/品牌信息，让用户间接地接收到信息。

▶ **案例4**

　　微信视频号"商业思维学坛"，视频内容都与商业思维有关，通过一个个视频向粉丝普及创业、管理等商业思维知识，内容很实用。同时，在视频中多处都有背景植入，尤其是在视频即将结束时，会在视频下方植入一个相关的"学习资料"的信息，如图6-15所示。尽管这个时间很短，也就三五秒，但却是重点中的重点。

图 6-15　商业思维学坛中的背景植入

从营销的角度看，这个"学习资料"起的就是宣传、引流作用，意在让粉丝知道该账号主题就是做培训的，培训的内容有哪些等。

（3）对白植入

对白植入是指通过演员的台词把企业/产品/品牌等信息直白地传达给粉丝，如图6-16所示。这种方式很直接，也很容易得到观众对品牌的认同。不过，在进行台词植入的时候要注意，衔接一定要恰当、自然，不要强行插入，否则很容易让粉丝反感。

图 6-16　某视频中的独白植入

（4）情节植入

情节植入是把企业/产品/品牌融合到场景中，通过故事的逻辑线条使广告信息自然露出。一个短视频通常都有特定的主题，前部分把握好自身视频的风格来进行主题叙述，后半部分再巧妙的转换，创造情景对广告进行铺垫渲染。最终，整个视频以一种轻松诙谐的形式展现出来，并且又不失巧妙地承载了广告的内容。

▶ 案例5

5A街拍这个视频号采用的就是情节植入的形式，分析该账号的所有视频发现，他们利用的是街拍概念，营造一个独特的模特走秀场景，巧妙地将"服装百搭"完美地展示给粉丝，如图6-17所示。不但能将广告自然植入情景中，还成功打破了人们对以往T台走秀的既有观念，激发粉丝的观看欲望。

图 6-17　5A 街拍中的情节植入

较之前3种植入形式，情节植入效果最好，如果说前几种是一种硬植入的话，这是一种软植入，充分利用人脑在短暂记忆中的视觉停留，能达到"润物细无声"的效果，令观众接受起来比较容易。同时，这种植入方式难度也是最大的，植入形式与情节不融洽会对品牌有害，植入广告暴露不足则缺乏传播价值。

▶ 6.2.2　在账号简介中植入广告

在账号简介中植入广告是微信视频号中非常常见的一种做法，尽管略显简单粗暴，但不失为一种有效的方法。尤其是以提供特定服务、业务咨询为主的企业，将广告信息简单明了地写在账号简介中，更容易被人接受。

如图6-18、图6-19中的迪士尼儿童乐园、音乐小屋就采用了这种方式，前者是企业号，后者是个人号。无论企业还是个人，都选择在账号简介中植入广告信息。这样不仅丝毫不影响视频的内容，而且可以让粉丝直截了当地获取有价值的信息。

图 6-18　迪士尼儿童乐园账号中的广告信息　　图 6-19　音乐小屋账号中的广告信息

▶ 6.2.3　在标题文案或链接中植入广告

标题文案是短视频非常重要的组成部分，承载着视频中重要的信息，能很好地辅助短视频内容的呈现。微信视频号中很多短视频能够成为爆款，就是归功于有非常好的标题文案这一点，正是有了好的标题文案，视频才能更吸引人，激起粉丝去看的欲望，进而去关注。

另外，标题文案还有一个作用，那就是引流效果。对于企业/品牌方来讲，为增加自身和产品的曝光度，可在标题文案（文案链接）中植入广告，这是一种非常实用的方法，而且更易于粉丝阅读和识别，如图6-20、图6-21所示。

图6-20　在标题文案中植入广告

图6-21　在标题文案链接中植入广告

▶ 6.2.4 在评论中植入广告

爆款短视频必定伴随着大量评论，而在评论中植入广告，利用评论引流也成了企业/品牌方非常重视的一种方法。如图6-22所示。

在评论区植入广告主要有两个好处，第一，在于可以最大限度地引发粉丝的参与、讨论，因为评论是不限制字数、不限制条数的，一条热门评论可能引发大量粉丝参与；第二，还可以避免平台的限制，其实，任何一个短视频平台对广告的植入都是明确禁止的，无论是在视频内容中，还是标题文案中植入广告信息，太频繁、太露骨，很容易被平台屏蔽，严重者还会被要求下架。

图6-22　微信视频号中的评论广告

▶ 6.2.5 产品种草

产品种草是一种直接卖货式的引流形式，主要以产品体验为主，通过体验带动销量。种草是随着短视频而逐步兴起的一个网络流行语，意为分享、推荐某一优秀的商品，以激发他人购买欲望的行为。

例如，图6-23中的美妆类视频，当粉丝通过视频进行观看、学习时，会自然地加深对化妆品的记忆。在此过程中如果视频内容再对该商品进行相应讲解和种草的话，会达到事半功倍的效果，并能极大程度刺激粉丝的购买欲望。

在微信视频号中，产品种草是一种非常好的变现途径，那么，企业/品牌如何高效种草呢？可采用以下5种做法。

图6-23　某美妆账号产品种草视频

（1）直接秀出产品卖点

如果产品本身有亮点、很新奇或者功能非常实用，或是产品很稀缺，最好的做法就是直接秀出这些卖点。让粉丝在最短的时间内、最大限度地看到产品的特色和优势。

> **▶ 案例6**
>
> 曾经在抖音上卖得非常火的妖娆花采用的就是这种做法。对于妖娆花，大多数人不了解，但只听其名就非常新奇。因此，被引起了好奇心的粉丝就会急于具体了解一番，而视频中直接就展现出了其独有的特点，会妖娆的扭动、会吹萨克斯等，或者将妖娆花和萌宠、可爱的孩子放在一起制造笑点。直观地展现出产品本身的新奇独特，一出现就吸引了众多抖音用户购买。

尽管这是抖音上的案例，但也同样适用于微信视频号。这是一种营销方法，只要掌握了其精髓，其作用就不会局限于某个平台。

（2）聚焦优势，夸张放大

这个做法适用于一些没有太多特色，没有太多亮点的产品。在多总结、多提炼，多挖掘目标客户需求的基础上，争取找出一处或者几个独有的特征，然后用夸张的手法将其放大，集中呈现，以便加深粉丝对其的印象。

例如，空间大是宝马GT的卖点，为了突出这个卖点，销售人员直接"藏"

了12个人在车里，让不少观看者印象深刻。

（3）引发用户好奇心和参与感

适用于一些新奇体验式的商品，能够通过视频的传播吸引更多用户去参与。比如一些网红美食店铺和网红景点都可以用这种方式。为什么海底捞"网红蘸料""西安摔碗酒"等能这么火？就是他们的玩法能够引起用户的猎奇心理和参与感，人都有跟风、猎奇的心理，这款产品是网红爆款，大家都说好吃，于是都想尝试一下，并且这种吃法有趣，参与门槛又低，大家都纷纷想尝试一番。

无论是食材DIY还是吃法上的创新，都抓住了年轻人猎奇、爱挑战、爱DIY的特点，引发了品牌和顾客充分的互动和参与，让品牌得到快速传播。

（4）曝光企业日常，传播企业文化

很多产品用户不止关心产品质量、服务水平，往往还很关注企业文化，尤其是对于一些耳熟能详的知名企业，其领导和员工的日常格外令人好奇，比如阿里、马云的一举一动都受人瞩目。

有这种资源和条件的完全可以将企业文化、办公室趣事、员工日常等呈现出来，让用户看到企业的另外一面，也能够将企业文化和理念大范围传播。

（5）口碑呈现，突出火爆

火遍抖音的"答案奶茶"就是如此，在视频中，经常晒出门店的火爆购买场面，长长的队伍似乎就是在提醒你："我们是一家网红奶茶店，大家都说好喝，你不来尝尝吗？"。

当然，也不是什么产品都是适合种草的，适合种草的产品必须是作出购买决策用时长，需要种草的长时间强调和灌输的。比如，快消品，高颜值、具有小众需求产品，高单品价值的电子产品等。经总结，适合种草的产品至少要符合3个特点，如图6-24所示。

有格调、颜值高，　　　　自带爆点、　　　　　新品、有新卖点
有独特小众　　　　　　自带流量

图6-24　种草产品应该具备的3特点

第7章

粉丝管理：
营造粉丝的参与感和仪式感

　　当获取大量粉丝后，面对的另一个问题就是粉丝留存。诸多实例证明，粉丝与账号的"热恋"期不超过1个月，当发现账号对自己没有太大价值时就会流失。因此，视频号运营者必须给粉丝营造参与感和仪式感，增强粉丝黏性，让粉丝长期留下来。

微信视频号获粉成本低

▶ 7.1.1 获粉成本低的原因

粉丝是玩转短视频的决定性力量，没有大量粉丝，短视频就失去了存在的价值。因此，在做微信视频号的整个过程中必须注重粉丝的获取，拥有一批高质量的、忠实的粉丝。

微信视频号在粉丝的获取上具有成本低的特点，主要原因有两个，如图7-1所示。

图 7-1　微信视频号获粉成本低的原因

之所以说微信视频号获粉成本低，很重要的原因就是它有私域流量的保护。微信视频号完全是一个私域流量池，打通了微信朋友圈、微信公众号的路径，实现了相互导流。对于视频号而言，这个导流的过程就是一个获粉的过程，这是其他任何一个短视频平台所不具有的优势。

打个比方，假如你在微信朋友圈或公众号上已经有了一大批忠诚的粉丝，那么，完全可以做私域流量。当在视频号上发布短视频后，可以优先与公众号链接，或分享到朋友圈。因为粉丝对你原本就有一定的信任度，自然很愿意为你二次传播。而只要粉丝有为你做二次传播的意愿，可以说就完成了第一波引流，大大助推了视频在最短时间内快速进入公域流量池。

▶ 7.1.2 低成本获粉的方法

鉴于此，为了低成本地获取第一波粉丝，在视频号上发布短视频后，要优先做到以下两点。

① 发动朋友圈的力量。在微信视频号界面中间位置有"朋友"一栏，这个栏目的作用是显示微信好友点赞过的视频。只要微信好友点赞过的视频，你都可以看到。换句话说，如果你的视频被某个好友点过赞，那这个好友的其他微信好友也能看到。

所以，这个"赞"十分重要，要多运用，一个赞相当于帮你做数次口碑传播，这个受众面是很大的。在发布视频后可以转发到朋友圈、微信群，或转发给某个特定的朋友，只要点赞视频显示在他的视频号"朋友"栏中，就相当于把视频推荐给了他的微信好友。

② 与公众号相互导流。如果公众号上有一定量的粉丝的话，一定要在发布视频号时链接公众号文章。同时，也在公众号文章底部加上视频号的二维码，起到双向导流的作用。

这种做法非常适合原来那一批做公众号做得不错的运营者，公众号上的粉丝可以帮助你的视频号做助推，而视频号上新增的粉丝也会导流到公众号上。

微信视频号不仅是一个私域流量池，也是一个强大的公域流量入口。朋友圈、公众号信息流只能在相对"私域"范围内传播，较之朋友圈、公众号，微信视频号在微信中开辟了一个全新的流量渠道，是面向整个月活11.56亿的微信生态用户群体的，从这个角度看，它又属于公域流量。

微信视频号依托微信生长的属性，打通了公域流量和私域流量的闭环，让内外部好友可以相互导流，这就是视频号获取粉丝起来相对容易的主要原因，也是其他短视频平台无法企及的天然优势。

7.2
迎合粉丝需求，吸引粉丝关注

▶ 7.2.1 善于捕捉粉丝痛点需求

你的短视频为什么没有粉丝关注？最关键原因是没有抓住他们的痛点需求。在拍摄或发布一个视频之前，必须问自己3个问题：一、视频想向粉丝传递哪些信息？二、粉丝为什么要关注你的视频？三、粉丝能从视频中获得哪些好处和有价值的东西？

如果能回答以上3个问题，就意味着抓住了粉丝的痛点需求，而一旦抓住了粉丝的痛点需求，那视频势必会火，获得更多人的关注。

在这里有必要解释一下什么是痛点需求。人的需求大致有3个，分别为刚性需求、附加值需求、痛点需求。3种需求迫切程度不同，对消费行为的促动也不同。刚性需求是"我想买"，附加值需求是"我要买"、痛点需求是"我不得不买"。三者是一种递进关系，刚性需求是基本需求，痛点需求是高等需求，当前一种需求得到足够满足时，自然会追求更高一级别的需求。3种需求关系如图7-2所示。

所谓痛点需求是满足消费者最迫切，或超出预期的需求，解决他们感到最痛苦、最敏感的那一部分问题。痛点即痛苦，人们对痛苦的事情往往难以承受，找准令消费者感到痛苦的需求，然后集中全力去满足，那离成功就不远了。

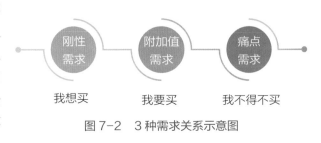

图7-2　3种需求关系示意图

▶ 案例1

例如，打车问题，对于现代人来说就是刚需，滴滴打车软件就是找到了打车的痛点需求。打车的痛点需求是什么，大多数人都知道打车难，对于打车一族来说，找车是一大难题，想打车却不知道司机在哪里？滴滴打车软件的核心就是解决难打车这个痛点。

再如菜刀，实实在在的刚需，家家需要，也正因为此再好的菜刀也很难成为爆品，因为所有的产品只抓住了切菜、剁肉的普通需求。而没有解决用户痛点：菜刀使用过程中经常需要磨。这时市场上一款陶瓷刀由于很好地解决了这一问题而脱颖而出，这款永远也不需要磨的菜刀成了爆品。

很多人做微信视频号，账号定位和人设IP模糊不清，你想要吸引的目标人群是谁？你能给他们提供什么样的价值？你有哪些个性鲜明的人设特征能够吸引他们的关注？如果没有想清楚这些问题，就算做再久的短视频，都不会取得好的成绩。

唯有痛点才是最迫切的需求，唯有最迫切的需求才能令用户心动。如果你的视频仅仅满足的是用户刚性需求或普通需求，而不是最迫切的需求，那么很难成为一个好视频。因此，要想获得更多粉丝，必须知道粉丝的痛点在哪儿，并根据这些痛点去做视频内容，解决令他们最痛苦的问题，让其产生不得不看的感觉。

▶ 7.2.2　善于激发粉丝好奇心

微信视频号之所以在如此短的时间内获得大量粉丝关注，最主要的一个原因就是好奇心驱使。包括美拍、秒拍、火山小视频等短视频平台，也是如此，大多数人都是怀着好奇之心去观看一段视频。假如视频足够新奇就会继续关注，反之就会弃之。

这也促使视频号运营者，要想让自己的视频能够持续受到粉丝关注，必须善于激发他们的好奇心。然而，如果说一个或偶尔几个视频能保持对粉丝有足够吸引力不难，难的是每一个视频都有这样的能力。

那么，如何做到让每个视频都对粉丝有足够的吸引力呢？有两点需要注意，一是要做得"奇"；二是如果做不到"奇"，一定要做"精"。

（1）奇

"奇"就是奇特、新奇，能引发粉丝的好奇心。具有"奇"这一特点的视频大都能持续吸引粉丝关注。例如，目前市场上做美食类的视频号账号非常多，而野食小哥的视频就是以奇取胜。

一方面，因为大家都会有猎奇的心理，看惯了城市里的煤气灶天然气，也想看看在野外做美食是怎样一种情况。

另一方面，大家也存在着一种好奇心，野外砍下来的竹子真的能直接做竹筒饭吗？没有煤气灶该怎么生火呢？这样烧出来的饭，真的能吃吗？

这种阶梯式的疑问引导着大家去看完这一整段的视频，并且得到了最后的结果，野外做的竹筒饭真的是能吃的，并且确实是很美味的样子。

（2）精

"精"是指精准、精细、精致，注重细节。做得"精"这一条"二更"可为典型。这个账号每一条视频做得都很精，当然这也是需要花费众多人力、物力，甚至是财力的，单单这一点就让大部分创业短视频团队死在了起跑线上。

案例2

二更是国内知名的原创短视频内容平台，因在每晚"二更"时分，推送一部原创视频而得名。二更作为新媒体视频内容公司，其对内容的打造始终本着精益求精的态度，在短视频内容生产规模、全网传播量、品牌价值上都处于全国同行业领先地位。

基于此，二更在开通视频号账号后迅速吸引了大量粉丝，如图7-3所示。

图 7-3　二更微信视频号账号

▶7.2.3 深度挖掘粉丝情感需求

情感式、情感类的内容一直是一个很大的引流内容源，从博客时代，到微博时代，再到微信公众号时代，情感类的内容热度一直居高不下。纵观那些成功的视频号视频，都有一个共同的特质，就是"走心"，善于用情感触动粉丝的内心，从粉丝的情感需要出发，把情感融进营销中，唤起、激起粉丝的情感需求，诱导出粉丝心灵的共鸣。

要想做好微信视频号，获取粉丝关注，运营人员也必须会打情感牌，具体做法如图7-4所示。

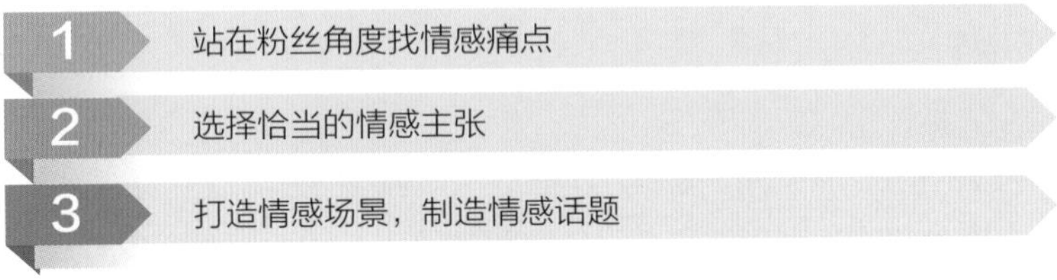

1　站在粉丝角度找情感痛点

2　选择恰当的情感主张

3　打造情感场景，制造情感话题

图 7-4　利用情感牌吸引粉丝的 3 种做法

（1）站在粉丝角度找情感痛点

做情感营销时要站在粉丝的角度出发，去感知他们对视频内容的看法、他们的情绪以及探究他们想要的东西。从自我的角度出发做的情感营销，很容易高估粉丝对视频内容的理解，粉丝看不懂视频，自然也看不懂视频所想表达的感情。

每个视频一定是针对特定粉丝群体的，而粉丝群体有很多种情绪，所以我们在策划的时候就一定要利用好这些情绪，无论是用在视频标题上面，还是视频的文案台词上面，最大限度地照顾粉丝的情绪。

（2）选择恰当的情感主张

既然要打情感牌，那么就需要一个贯穿主旨的情感主张。这个情感主张可以是亲情、友情、爱情，也可以是坚韧、顽强、拼搏、自立等一些美好品质。但究竟如何能找到一个最恰当的情感主张呢？

> **▶ 案例3**
>
> 很多做母婴的视频号，针对的就是准妈妈和新妈妈这一群体，这一群体中很多人有一种叫做内疚感情绪。比如，陪伴太少、教育不够科学或者没怎么给孩子买玩具等，这些都会让做父母的觉得有一种内疚感。
>
> 同样，还有焦虑情绪，比如，哄宝宝睡觉很艰难，或者宝宝脾气非常坏，爱扔东西爱吃手，这些都会引发焦虑。

这说明，倘若能照顾到粉丝的情绪，并且把这些情绪体现在视频场景、人物塑造里，针对性的去设计标题或文案，就很容易引发特定群体的情感共鸣，满足他们最核心的需求，解决他们的痛点问题。

（3）打造情感场景，制造情感话题

利用情感赢得粉丝关注其实并不容易，很多账号都在走情感路线，但实际效果并不好。为什么，原因就在于缺少一个场景和话题，如果只是在视频中硬性地嵌入某种情感，而没有场景的反衬，话题的引导，情感就会显得很苍白。因此，要想有好的效果，就要设计场景、制造话题。

一个具体的场景、好的话题能让粉丝更直观看到你的视频的特性。比如你

想要在视频号的视频中展现一瓶化妆水，那么在文案中就应该营造出女性使用这款化妆水的场景，如约会、旅行、聚会等场景，粉丝就可以直观地感受到这瓶化妆水的特性，再据此判断是否值得点击观看。

营造粉丝参与感，提升粉丝留存率

▶ 7.3.1 鼓励粉丝参与内容创作

对于企业/品牌方来讲，做短视频一定要知道这不仅仅是自己的事儿，更是粉丝的事儿。也就是说，做短视频不能仅仅凭着自己的心情、兴趣，自顾自地做，还要多与粉丝互动，兼顾到粉丝的需求，重视粉丝的反馈，让粉丝参与到内容创作中去。

只有粉丝有了参与感，才能真正留下来。

> ▶ **案例4**
>
> HP是大众喜欢的品牌之一，拥有众多忠诚的粉丝，这与其特别重视粉丝的参与有关。HP Pavilion x360笔记本电脑刚上市时，HP为了在电视广告上宣传该产品，就整合了粉丝在短视频社交媒体Vine（微软公司开发基于地理位置的SNS系统）上的创意。
>
> 很多HP粉丝习惯在Vine上展现新奇、搞怪、令人惊讶的创意，官方在注意到这一现象后，就把一些粉丝们在平台上发布的6秒创意视频，通过剪辑制作了一个30秒的电视广告。
>
> 这种做法实现了双赢，无论对企业还是对粉丝都是好事。对于品牌，通过一些现成的短视频，得到了有价值的东西，而对于粉丝，也在使他们实现了自我价值的同时促进了他们在社交媒体上创作的积极性。

案例5

可口可乐曾发布过一个以粉丝制作的视频内容为基础制作而成的视频广告，视频时长30秒，内容是粉丝们分享喝可乐的各种快乐时刻。可口可乐邀请粉丝分享一段"当你喝可乐的时候，你会有什么感觉"的视频短片，优秀的短片会被剪辑进可口可乐的广告中。活动最后收到了来自世界各地的超过400份视频短片，创意公司Wieden + Kennedy 从中挑选出40份剪辑成短片，并以"This is Ahh"进行宣传推广。

上述案例尽管不是发生在微信视频号上，但也能充分说明粉丝参与内容创作的重要性。真理是放之四海而皆准的，鼓励粉丝参与，通过参与来满足粉丝的认同感、归属感、炫耀感等是一种非常有用的方法。在鼓励粉丝参与上可以采用以下做法。

（1）选择合适的主题

主题是短视频的灵魂，决定着视频的传播价值，也是决定粉丝是否愿意参与的关键。主题积极、话题强的视频，除了流量可观，粉丝参与的概率也会更高。因此，要想充分调动粉丝的参与积极性，就必须选择合适的主题，并不断去优化它。

容易调动粉丝参与积极性的主题有：

① 代入感强的主题。代入感强的主题能够引起强烈的共鸣，粉丝更容易通过视频内容联系到自身的经历，引发情绪波动，产生倾诉欲望，并在评论区将其宣泄出来。

例如，关于婚姻爱情、关于孝敬父母类的主题，这类主题的视频最容易互动，原因就是很多人能从视频内容里找到自己的影子，看到很多人有与自己相似经历，心里会感觉到一丝安慰。

② 有争议、分歧较大的主题。争议性主题能碰撞出观点。人们热议的都是分歧较大、观点针锋相对、言辞一针见血的话题。例如，结婚女方是否应该索要高额彩礼、医改下医院收费是高还是低了、新老育儿观念之别等主题，这些都是充满争议的话题，公说公有理婆说婆有理，智者见智仁者见仁，很容易调动观众

参与，激发其表达自己的观点。

③ 表达负面情绪的主题。相对正面情绪，人们更容易对负面情绪记忆犹新，比如，伤感、痛苦、悲痛等。需要注意的是，选择负面情绪的主题不能宣扬负能量，虽然选择了这样一个表达的视角，但最终还要回到积极的情感，弘扬正能量上来。

例如，当把不愉快的经历分享出来后，后面要鼓励其他正在遭遇类似情况的人，努力改变现状。因为使用这种做法只是想要通过共鸣的力量，提升观众的参与性，并不是为了传播负能量的。

（2）鼓励粉丝参与

鼓励粉丝参与可以精神奖励，也可以是物质奖励。精神奖励可以是提供与视频相关的特权。比如，引导粉丝自发生产内容，我们可以挑选出粉丝制作的优质内容做集中展示，鼓励他们成为内容的生产者之一。再比如，邀请粉丝通过上传带有标签的视频参加有奖活动，或者宣传相关的品牌活动。当粉丝自己的创作被肯定，成为视频内容的一部分时，观众的认同感被满足，同时也催生出了自豪感。

> ▶ 案例6
>
> 　　喜剧大师Louie Anderson邀请粉丝通过Instagram（Facebook公司旗下一款社交软件）上传一段预选视频，并打上#Open4Louie#标签，从而竞争一个他的活动中开场秀的参与机会。团队根据标签追踪所有参赛视频并且联系到他们欣赏的视频制作者。

这种方法可以快速鼓励粉丝参与到内容制作中来，更重要的是可以通过参与来了解粉丝，收集数据进行分析之后在现有内容基础上选择契合的传播点。

物质奖励可以提供红包或某种事物，但单纯的物质奖励效果并不好。很多视频都采用过这种做法，仅仅扩大了曝光量，吸引了新粉丝，但没有引导出观众的表达意愿。因此，在采用物质奖励时，一定要结合精神奖励。

▶7.3.2　坚持与粉丝做交流互动

坚持与粉丝做互动，目的是提高粉丝的忠诚度。在短视频的商业世界里，粉丝忠诚度很低，往往是以"月""日"，甚至"小时"计算。粉丝一旦发现你的作品无法满足自己的需求，或者感到没有价值，马上就会表达不满，甚至取消关注。

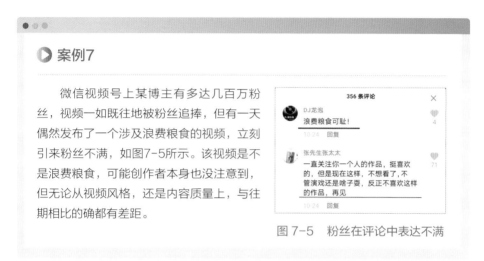

案例7

微信视频号上某博主有多达几百万粉丝，视频一如既往地被粉丝追捧，但有一天偶然发布了一个涉及浪费粮食的视频，立刻引来粉丝不满，如图7-5所示。该视频是不是浪费粮食，可能创作者本身也没注意到，但无论从视频风格，还是内容质量上，与往期相比的确都有差距。

图 7-5　粉丝在评论中表达不满

在短视频领域，粉丝就是这么苛刻，在这样的背景环境下，要想留住粉丝，必须构建粉丝忠诚度。毕竟，无论什么样的公司、品牌或产品都希望粉丝对自己的迷恋周期长一点，久一些，谁也不愿意成为随时会失去粉丝关注的易碎品。

那么，在拍摄短视频时，如何做到与粉丝的互动呢？

（1）尽量真人出镜

在拍摄短视频时，很多平台都提倡真人出镜，纵观那些网红、大咖，以及很多爆款短视频都是真人出镜。从发展趋势看，未来真人出镜有可能成为一种主流拍摄方式，能很好地展示自己，让观众感觉是在与一个真实的人打交道，可以更快地产生信任甚至建立起高度的信赖感。同时，也可以大大增加粉丝对我们的识别度，让粉丝更好地记住我们，并与我们互动。

（2）视频内设互动

① 投票互动。大家可以在视频中发起投票，例如大家想不想看我做平板支

撑，如果投票数达到一百个，我就拼啦！这样我们既可以提高粉丝的参与感，又可以更好了解粉丝的兴趣。

②问答环节。我们可以回复观众的评论，或者在下期节目对观众评论整体答复，甚至我们可以在发展一定阶段后，就大家的问题单独做一期节目，这样可以很好提升粉丝的参与感。

③评论互动。在视频中抛出问题，引导粉丝在评论中作答，在下期节目中公布答案，或者在视频尾部阅读粉丝留言，回答粉丝问题等，都能增强观众的参与感增进节目人设和粉丝之间的联系，对黏性很有帮助。

拍摄产品短片，为客户解答疑问是短视频营销的最基本应用。很多品牌使用短视频营销就是从这里开始的。有时候，简短的"如何…"视频短片就可以快速并有效地解答客户的疑问。整理出你的客服部门最常收到的问题，制作相关的视频短片去解答这些问题。

比如，你可以在一段15秒的视频里告诉客户你的产品便于安装的方法。像这样拍摄一段安装教程并配上语音指导可以提供给粉丝更有用的信息和帮助。用短视频的方式解答客户疑问能够给你的受众带来更多的附加价值。

（3）管理评论

管理评论包括评论置顶和对评论的后期维护。评论置顶不仅可以涨粉还可以引导话题，增加粉丝评论，或者节目预告，预埋好奇心。

另外，还要对评论进行后期维护。发出的评论得到了粉丝反馈后，评论的这个行为就得到了肯定，这对培养观众互动积极性很有意义。在社交平台（如微博）可以尝试整理晒出优质的评论，加强观众对节目或核心人设的兴趣。部分内容创作者在节目初期阶段时，会尽量回复每一条留言。

第8章

行业实战：
各行各业视频号
运营实战

任何自媒体要变现必须要有商业思维赋能，与行业运营结合。视频号
也不例外，正逐步在各行各业推广开来。视频号与具体的行业结合后，又
会呈现出不同的运营特点，本章从新闻媒体、电商、旅游美食、教育、大
众消费等多个行业出发，总结视频号在不同行业中的特点。

新闻媒体：披露事实，关注重点热点事件

短视频的出现使信息出现了爆发式传播，范围广、速度快，短短几年就成为最大的流量聚集地。同时也改变了信息传播、分享的模式，从以往的以文字、图片为主，转向以视频为主。

在当前的信息产业中，短视频类内容占比越来越大，尤其是在新闻媒体机构，短视频的出现引发了轩然大波。媒体纷纷入驻短视频平台开设自己的短视频账号，例如，抖音号、快手号等。在微信视频号推出后，很多媒体机构在第一时间开通账号，入驻了微信视频号。2020年1月，微信视频号开始内测，引发业内关注。面对"短内容"的又一个传播渠道，新闻媒体也希望借助微信新平台实现新导流，进一步延伸微信红利，尤其是主流媒体，面对新生的微信视频号，态度很积极。以央视为例，在微信视频号中搜索关键字"央视"，能看到央视及很多央视的频道、节目等已经开通了视频号，如图8-1所示。

图 8-1　微信视频号关键字"央视"搜索

新闻媒体是个特殊的行业，它与下面讲到的电商、教育、旅游、美妆等营利性行业不同，与微信视频号的结合，根本目的不是为了盈利，实现变现。而是希望通过系列宣推与运营活动，切实提升自身的知名度、影响力、传播力。同时，借助短视频平台的优势，打好"组合拳"，为"自有平台"进行有效导流，以空间换时间，让自有平台得到充分的滋养和成长。

因此，对于新闻媒体机构，包括自媒体人而言，必须立足于内容和服务，凸显信息的价值，披露事实，传播正能量，关注重点、热点事件，真正做到满足粉丝对信息的需求。具体可以从以下两个方面入手。

（1）用好平台流量，释放媒体优势

对媒体而言，与微信视频号的关系应该定位为合作关系，走"内容+平台"之路。这也是媒体比较常见的合作模式，把短视频作为转型发展的重要途径，积极入驻平台，开展深度合作，不断增强媒体的传播力和品牌的影响力。

▶ **案例1**

短视频作为《南方都市报》转型发展的重要方面，在短视频生产中贯彻移动优先、数据优先、用户优先的原则，不断在各个短视频平台深耕，拓宽优质原创内容在移动互联网的传播渠道，增强与用户之间的黏性，在平台上拓展自己的传播力，从而不断增强媒体品牌的影响力。

以疫情报道为例，战"疫"期间，南都特派记者深入武汉一线，采访制作多条优质微纪录片和原创报道，并根据微信视频号平台的特性将内容二次制作，转化成更具移动传播特性的短视频，如图8-2所示，多个视频成为短视频平台上的千万+产品，整体报道收获超千万级流量。

图 8-2　南方都市报微信视频号上的抗疫系列内容

（2）借力视频号，创建和完善自有平台体系

在网络为先的理念下，媒体机构都在纷纷构建自己的平台，比如，短视频平台、直播平台、社交平台、自媒体平台等。作为媒体机构必须市场嗅觉敏锐，根据形势迅速开发新业态，创立业务架构，在商业平台的基础上构建新平台体系、开拓新服务。

通常来讲，一个媒体机构需要自建如表8-1所列的平台。

表 8-1　媒体机构自建平台体系

平台类型		平台细分	运营方式
视频平台	直播平台	映客、花椒、一直播、微信视频号、抖音、快手等	公开信息、品牌宣传、客服沟通、活动直播
	短视频平台	秒拍、美拍、微信视频号、抖音、快手	贴片广告、内容推广、答疑解惑、视觉展示、举办活动
	长视频平台	优酷、腾讯视频、爱奇艺、A站、B站	花絮混剪、别样广告
	音频平台	企鹅FM、喜马拉雅FM、荔枝FM	植入广告、自建平台、自建节目
社交平台	微信	公众号	披露信息、服务用户、拉新用户
		个人号	服务用户、添加用户为好友
		视频号	披露信息、强化沟通、增强用户黏性、转化用户
		微信广告资源	朋友圈广告、公众号广告、广告通广告、视频号广告
	微博	微博官网	披露信息、品牌推广、服务用户
		微博广告资源	粉丝通广告、微博系统广告、大V广告
	问答平台	知乎、悟空问答、百度问答、搜狗问答	

（续表）

平台类型		平台细分	运营方式
自媒体	自媒体平台	头条号、企鹅号、搜狐号、大鱼号、网易号、一点号等	推荐展示：提供优质文章，有些自媒体平台会对优质内容进行推荐展示。被推荐后能大大提高流量，扩大品牌知名度
	论坛平台	豆瓣、百度贴吧等	发帖推广、贴吧社群运营、提取关键词（在论坛发布的内容会被搜索引擎根据关键词收录）

　　从表中可以看出，微信视频号是一个跨系统、多领域性平台，它不仅是一个视频平台，也是一个社交平台，能满足机构的商业和社交双需求。因此，媒体机构在构建自己的平台体系时一定不能忽略微信视频号。

　　需要提醒的是，创建和完善自有平台比较简单，难就难在平台的核心优势在短期内无法形成，比如，用户规模、用户黏度和用户运营等。所以，媒体需要明白自身的优势和短板，巧用借力，以实现全业态传播、全平台覆盖，从而推动全媒体宣传，实现高质量融合推进。

电商行业：粉丝引流，提高粉丝转化率

　　当短视频转战消费市场，最受益的是电商行业。短视频与电商的结合，无论是对商家还是消费者都是有利的。对商家而言，既可以有效降低获客成本，提升产品知名度，也可以构建新的消费场景和路径，提高粉丝线上购物的附加值和体验。

　　电商入驻短视频平台，在2018年、2019年两年达到了高峰，市场上几个比较成熟的短视频平台都深受电商企业的青睐，诸如淘宝、京东、蘑菇街等实力雄厚的电商企业还专门构建了自己的直播短视频平台。电商与直播短视频结合后，最大的受益之处就是，获取流量的成本越来越低。毕竟，相比起文字阅读，视频更具可看性，且在同样时间内能输出更多的信息。

　　微信视频号的推出，无疑又为电商企业提供了新的渠道，成为它们构建微信生态商业圈的重要一步。微信视频号已经成为各大电商抢夺粉丝的阵地，代表性企业有京东、唯品会、天猫等。

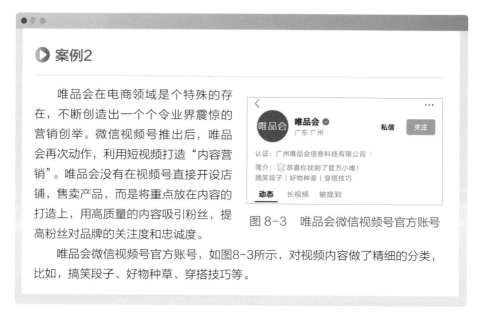

▶ 案例2

　　唯品会在电商领域是个特殊的存在，不断创造出一个个令业界震惊的营销创举。微信视频号推出后，唯品会再次动作，利用短视频打造"内容营销"。唯品会没有在视频号直接开设店铺，售卖产品，而是将重点放在内容的打造上，用高质量的内容吸引粉丝，提高粉丝对品牌的关注度和忠诚度。

图 8-3　唯品会微信视频号官方账号

　　唯品会微信视频号官方账号，如图8-3所示，对视频内容做了精细的分类，比如，搞笑段子、好物种草、穿搭技巧等。

　　电商如果再使用传统的营销方式，已经无法满足新型消费者，尤其是90后、00后的需求，必须做出创新，用新型用户的思维去重新构建渠道，抓住大多数人的眼球，为品牌传播带来全新的营销思路。

（1）做好内容

　　电商利用微信视频号，不仅仅是把其当作一个页面内展示素材之地，更是为了用来给用户种草，引导用户对产品产生更多的兴趣的。这就需要以高质量的内容做基础，先用内容吸引粉丝，获取粉丝认可，有了高质量内容做铺垫，才有可能让粉丝接受种草产品。

　　这里我们选取淘宝上一些小商家做短视频引流失败的案例进行分析。

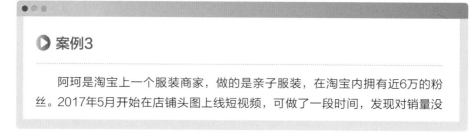

▶ 案例3

　　阿珂是淘宝上一个服装商家，做的是亲子服装，在淘宝内拥有近6万的粉丝。2017年5月开始在店铺头图上线短视频，可做了一段时间，发现对销量没有太大的提升。

淘宝把销量没有被带动的一部分原因归结为内容没有做好。原来，该商家所有短视频都是用手机拍摄的，像素低、光线暗，拍了之后用户也看不清楚，质感比较差。

短视频的内容能否获得粉丝的喜欢，能否带动销量，是需要付出精力的。对头部商家来说，或许可以加大投入耐心等待，而有些小商家，限于预算，只能在短视频的拍摄上不断降低成本，结果导致拍出的视频过于粗糙。尤其是当做完一段时间后，没有收到明显的效果，或者看不到消费者的反馈，那在资金有限的情况下，可能就再也不愿意花钱继续做了。

因此，要想吸引粉丝，真正实现引流，必须先把视频内容重视起来。没有高质量的内容，不但起不到引流作用，反而可能起到反作用，造成粉丝的流失。

（2）做好体验，创意营销

很多电商企业之所以看中短视频渠道就是希望通过短视频搞一些创意营销。创意营销可以让粉丝在看视频的过程中，轻松接受广告信息。

目前，微信视频号中广告植入形式有很多，主要有贴片广告、视频广告（如暂停、悬浮等）、视频短片定制或植入、品牌专区及主题活动等。电商可以根据自己的需求选择合适的方式。

▶ 案例4

美乐家是全球最大的邮购环保超市，总公司位于美国爱达荷州爱达荷市，1985年由范德士创立。美乐家在全球拥有超过400款优质产品，涵盖了家庭清洁、营养健康食品等，美乐家视中国为最重要的市场，将中国分公司的总部设在中国最具竞争力的经济中心——上海，并在多个城市设立物流配送中心。

而今美乐家中国已经将精力转到线上市场，用户通过直播平台、短视频平台以及社交平台上购买、下单、付款，而美乐家依靠完善的物流配送体系，将货物及时地送达消费者手中。图8-4、图8-5是美乐家中国在微信视频号上的广告。

图 8-4　美乐家微　　图 8-5　美乐家微
信视频号定制短片　　信视频号悬浮广告

（3）开通直播

"无直播不营销"成了时下最新的营销口号。"品牌+直播"是很多电商采用的一种新的营销方式，以直播为传播介质，用内容来互动，打破了当前的电商产品形态，实现了从文字、图片到视频的升级。通过一个个直播小视频，变现的手段越来越多，有直接推荐，有现场使用，甚至有演微情景剧的，相比千篇一律的文字、图片，直播给卖家打开了一扇个性化卖货窗口。

随着直播迅速成为新媒体营销的新阵地，虽然鉴于直播在微信视频号中尚处于起步阶段，很多功能并不完善，电商企业必须在微信视频号上重构直播渠道。但机会总是留给第一个吃螃蟹的人的，趁很多企业还没有做视频号直播我们可以抓住这个空白先做起来，在未来，这一块必然是会被重点打造的领域，利用微信视频号的优势资源，链接直播，吸引更多粉丝。

旅游美食：扩大宣传，营造良好的线上服务

微信视频号火起来之后，很多旅行社、旅游企业、餐饮企业开始开通了官

方账号。利用微信视频号向消费者提供旅游信息、咨询服务等，如去哪儿网、途牛旅游网、肯德基、麦当劳等，如图8-6、图8-7所示。

图 8-6　去哪儿网微信视频号　　　　图 8-7　途牛旅游微信视频号

企业利用视频为用户提供产品信息、良好的产品体验和服务，以达到提升销量，提高品牌知名度的目的；而用户通过观看视频，了解和体验产品和服务，从而加强对企业、品牌、产品的忠诚度。

微信视频号在旅游美食类企业与消费者之间搭建了一个便捷高效的交流渠道。大大解决了买卖之间的信息不对称问题。由此可见，旅游餐饮类企业利用微信视频号主要做了3个方面的工作，如图8-8所示。

图 8-8 旅游餐饮类微信视频号主要内容

（1）产品宣传信息

众所周知，旅游餐饮类企业产品生命周期非常短，需要通过不断地以新产品、新服务来吸引用户，满足用户需求。那些大的餐饮饭店每隔一段时间就会推出一个新菜品，旅行社隔几天就会开发一个新旅游景点，更新频率非常快。

旅游餐饮类企业非常注重对产品的宣传，所以，在视频号上也要多体现这样的内容，加大产品的宣传。

需要注意的是，在宣传产品时避免直接介绍产品，最好注入用户的体验，让产品更人性化。例如，某酒店在宣传自己的雅间服务时不仅仅注重舒适感，还赋予了一种生活理念。尊重旅客心理，强化健康生活，推出"住店不仅是一晚舒适住宿，更是一种舒心体验和美好的回忆"。

旅游餐饮是一种消费，更是一种体验，只有强化用户体验，满足用户对体验的需求，才能让产品真正走进人心。

（2）促销活动信息

目前，在旅游餐饮类视频号上，最多的视频内容还是促销活动类，通过活动宣传，来实现线上线下的引流。

（3）服务提供信息

旅游餐饮是典型的服务业，而对于服务业来说，最主要的还是提升质量。因此，微信视频号的内容也应该要凸显服务信息，体现自身在服务提供方面的优势。

以旅行社为例，现如今也算是最火爆的行业之一，一个旅行社无论规模大小，从来不缺客户，很多旅客都是主动上门。大多数人，之所以选择在你这里就餐，或者出行，一定是先看中你的服务的。服务是1，产品是0，没有1再多的0也是白搭。

在这种情况下，在微信视频号的利用上就不能单独的宣传产品，而是应该重点提升相应的服务，利用微信视频号与公众号、小程序、社群的链接性，将用户导流，为用户提供更多、更便利的服务。

案例5

麦当劳是比较早开通微信视频号的连锁餐饮企业之一，已经尝试通过视频号发起过多个限时促销活动，还带上了活动微信公众号链接，如图8-9所示。

麦当劳利用微信视频号，做得最多的还是线上促销，通过线上用户导流关注视频号。再用视频内容推送企业活动信息给用户，并争取拍出好的活动创意，激发用户高评论和高点赞，这会带动系统算法推荐视频信息给更多潜在用户观看。在信息流算法模式放大下，品牌企业广告模式也许面临着巨大的变化，所有的广告行业都应该思考这种变化带来的影响。

图8-9　麦当劳微信视频号上的产品促销活动

服装配饰：贯穿全行业，深度展现产品特色

互联网对线下服饰零售行业的冲击是最大的，很多线下实体企业已经意识到了转型的必要性，利用一切线上机会，实现平台化、场景化，走线上、线下融合之路。其中与微信视频号的接轨成为一种必然。

微信视频号上有很多服装配饰类账号，如图8-10、图8-11所示，从企业宣传、服装设计、成品展示、直接售卖到个性化预订等，几乎囊括了整个服装行业全流程。

图 8-10　服装批发类微信视频号

图 8-11　服装展示类微信视频号

　　微信视频号之所以被服装配饰行业如此重视，是因为其优势在实战中被展现得淋漓尽致。那么，具体有哪些优势呢？先来看一个案例。

▶ 案例6

　　优衣库在微信视频号上，通过模特展示新品，如图8-12所示，将版型、颜色、品质、面料每个细节都——进行展示，同时结合文案，把服饰的设计理念、优势等进行补充说明。如果想进一步了解或购买，还可以点击底端的链接进入公众号和小程序。

图 8-12　优衣库在微信视频号上的产品介绍

通过上述案例，可以总结出，微信视频号在服装配饰行业中的优势主要有以下两个。

（1）改变了服装配饰行业单一的销售渠道

以往服装配饰行业主要走的是传统线下销售渠道，如实体店、展销会等，近几年比较火的电商、APP等也重点集中在大品牌、大企业中，总体来说，模式过于单一，与新媒体接轨较慢，这也是服装业近几年逐步衰落的主要原因。

反观微信视频号，集文字、图片、视频于一体，可以让用户快速、全面地了解服装的款式、版型、颜色、品质和面料。

（2）满足服装配饰行业信息量承载大的需求

众所周知，我们在购买一件衣服前，仅仅靠十几秒的短视频是不够的，还需要了解更多更详细的信息。而微信视频号的文案、链接功能是非常有优势的，有了公众号的辅助，可以无限拓展、补充短视频中描述不到、不充分的内容。

微信视频号不仅仅具有短视频平台的优势，能声情并茂、绘声绘色地展示产品，还可以通过文案、链接等承载更多的信息量。产品通过短视频或链接公众号、小程序、电商平台的展示，形成了一种综合体量的优势，这也是一种其他同类平台很难超越的优势。

8.5
美妆日化：分步演示，手把手教学

美妆是短视频领域体量最大的一个内容分支，由于用户画像的无缝重合，短视频平台成了美妆达人最喜欢的营销"阵地"，各种美妆达人圈粉无数，短视频、直播带货也成了美妆达人的主要盈利模式，而且实际变现效果也远远好于其他。

2019年被称为是美妆短视频时代，越来越多的美妆博主在抖音、小红书、B站等社交平台上崛起，美妆红人的数量在半年内从8千人上涨到2.3万人，增长近3倍，而到了2020年迎来的大爆发，更是带有百花齐放之势。

▶ 案例7

最具有代表性的就是卖口红卖到爆的口红一哥李佳琦。略带夸张的表情，加上他的经典语录"OMG，买它，买它，买它"一夜之间爆火于各大社交平台，吸引了一大堆粉丝，曾创下5分钟卖3000支精华的神话。

微信视频号上线后，李佳琦也是在第一时间开通了账号，很快就成为平台头部美妆博主，李佳琦的微信视频号账号如图8-13所示。

图 8-13　李佳琦的微信视频号账号截图

在李佳琦效应之下，美妆短视频可谓是备受关注。美妆红人的地位也跟着提升了，以同款"破音"做为人设标识的大有人在，美妆细分领域竞争也已日渐焦灼。

美妆领域在其他平台已经呈现出激烈的竞争态势，尽管微信视频号是个新平台，但与其他领域相比，美妆也走到了前列。举个最简单的例子，在微信视频号首页的搜索栏，填入关键词"美妆"，出现的美妆博主数量远远高于其他。

那么，在如此大的竞争压力面前，美妆类博主如何做出具有特色的视频脱颖而出呢？最关键的还是做好内容，当前美妆类视频最常用的内容形式有3种，测评、Vlog、逆袭剧，如图8-14所示。

图 8-14　美妆类视频最常用的 3 种内容形式

（1）测评

所谓测评，就是博主亲自上镜，一一试用所卖的产品，这是美妆视频中运用最广，也是最有效的一种方式。由于代入感比较强，可以让粉丝用肉眼看得见效果，因此最容易被认可。

测评这种方式的优势在于能迎合大部分粉丝的心理，消除其怕买到假货，或产品有副作用的后顾之忧。

在微信视频号上进行"美妆评测"或"美妆测评"关键词搜索，就会发现很多相关账号、图文或视频。"XX款面膜PK""XX款眼霜横评""这款网红XX有效成分竟然……""新品评测……"等字眼或词汇，总能抓住消费者的眼球，引发刷屏。这背后的逻辑，就是切中了消费者面对众多化妆品牌和产品时的选择困难问题，更深层次逻辑则是切中了其对化妆品安全和功效的担忧。

（2）Vlog

Vlog是源于YouTube的一种视频博客形式，可以简单理解为是一种日常记录式的视频。由于拍摄起来比较简单，随拍随发，不会占用太多的时间，适用范围比较广，未来大有"全民拍Vlog"之势。

需要注意的是，在美妆领域，这类形式的视频多适用于有粉丝基础的知名博主、明星博主，以经验分享的形式去推荐产品。

如果考虑到表现力，还要在质量上有所提升，做到形散而神不散。Vlog表面上看是一种随心所欲的视频化日记，但又不仅仅是日常记录，创作门槛要远远高与此，它要求内容具有协调性，故事的生活化、真实性，对拍摄设备和剪辑能力也有一定的要求。

（3）逆袭剧

在3种内容表现形式中，逆袭剧是最难的，因为它是有剧情的，需要有演员、有剧本，而且剧情必有反转。这就对运营者提出了更高的要求，不仅仅要准备脚本，还必须有创意，不仅仅要准备演员，还必须要有一定的表现力。

比如，在"巧遇"的情境下，两位演员"比美"，随后利用一个简单的桥段，向上推进矛盾冲突，把矛盾推到下一个高点，并且瞬间解决，实现了"反转逆袭加暴击"，满足观众"逆袭"之后的情感需求。

逆袭剧重点是凸显矛盾冲突，利用矛盾激起粉丝对往后发展的渴望，再通过反转让问题得以解决使粉丝心理得到想要的结果。从而达到认可产品、购买产品的目的。

宠物/动物：萌宠出镜，走幽默搞笑路线

在主流短视频题材中，大家都是在比明星影响力、比技术特效、比话题热度，唯独缺少角色的转换。角色的转换就是将镜头下的主角——人，转变为动物。其实，萌宠类题材是一个非常好的选择，虽然有些小众，但做得精、做得细的话，很容易走出一条不寻常的路。

现在在直播短视频领域有"萌宠经济"的说法，也就是说，萌宠类题材的视频不仅仅是角色转换的问题，已经成为一种经济现象，越来越受到资本的关注。

> ▶ **案例8**
>
> 在抖音、快手、淘宝等短视频（直播）平台上，有好多作品主打萌宠路线，镜头主角不止狗、猫，甚至还有乌龟、猪、羊驼、鸭子、兔子等。这些萌宠纷纷成了在抖音、快手、淘宝等平台上抢占流量的利器。带萌宠旅游、帮萌宠连麦相亲、宠物带货等，吸引了大量年轻一代粉丝的追捧。许多喜欢宠物的粉丝表示，看到动物们在眼前活蹦乱跳、卖萌搞笑，就有一种瞬间被治愈的感觉。
>
> 同时，对平台而言，萌宠类视频也极大地激发了市场消费的潜力，展现出惊人的吸金能力。有数据显示，2020年以来，仅淘宝平台的宠物直播开播场次就同比增长了近375%，每天有100万人在看宠物直播。另一方面，短短几秒的有萌宠背景的广告，就有商家愿意豪掷数十万元。

在当前移动互联网上"云吸宠"的人群数量超5000万，一个新经济的庞大消费市场雏形初现，宠物"次元壁"破层出圈，获得越来越多资本的关注，吸"宠"热潮席卷而来。

在这样的大背景下，微信视频号也涌现出很多萌宠类视频，有的是直接售卖宠物；有的则是以萌宠为媒介，实现引流，售卖与宠物有关的周边产品，如图8-15所示。

还有的企业更深入挖掘开发了萌宠类视频的潜力，将其做成情景剧，先确定一个主角，然后围绕该主角策划出各种小故事。这种萌宠类视频拍摄难度大、投入成本高，但引流效果非常好，能很好地吸引粉丝。

图 8-15　微信视频号上萌宠题材类视频

萌宠题材的直播、短视频正在形成一个独特的类别，活跃于各大平台及视频号上，但是变现情况如何呢？我们来分析一下。

▶ 案例9

迪乐尼儿童乐园为树立品牌知名度和影响力，就拍摄过一系列动漫萌宠情景剧，如图8-16所示。所有视频都是以一群兔子为主要角色，讲述森林王国的故事，小故事有幽默诙谐的剧情，同时也非常富有哲理。

图8-16　迪乐尼儿童乐园微信视频号

（1）广告流量初见规模

萌宠类视频一方面为平台贡献了流量，打破了用户增长的天花板，另一方面为内容创作者提供了多种变现渠道。

① 从广告主角度看。高流量的萌宠视频吸引到广告主的目光，一位宠物企业的高管表示，已通过短视频多次做过品牌露出。"我们会根据萌宠主播账号的粉丝情况、活跃度以及知名度来投放。同时，还会看其粉丝的年龄分布、购买力。达到相应标准的千万级宠物账号，我们愿意承受的价格在15万~20万元。"

② 从账号运营者角度看。对于账号运营者来讲，萌宠类视频变现的主要方式还是广告。据拥有千万粉丝的宠物网红达人柯铭表示，（他凭借一系列妙趣横生的萌宠视频，吸粉千万，成为萌宠类视频头部达人）当他的粉丝人数达到300万时，曾签约了一家MCN机构，接到一些商务方面的广告，其报价已在5万~6万元。

（2）直播变现存在变数

虽然萌宠类短视频通过广告已经实现盈利，但萌宠直播的变现能力还不及预期。即便是拥有千万粉丝的网红达人也未在直播中接到广告，部分上频次较高的萌宠直播，大多为宠物食品的售卖，但观看量和销售数据也不乐观。

综上所述，目前，萌宠直播绝大部分时候还是充当着与粉丝互动聊天，增强黏性的工具，不具备直接变现的条件。

8.7

线上教育：线上授课，传播知识和技能

随着5G网络的推广，智能设备的普及，互联网教育蓬勃发展。通过社交媒体开展线上教育，成为互联网教育中不可或缺的组成部分。线上教育优势非常多，可以打破区域教育资源的不平衡，丰富教学方式，增强课堂趣味性，与传统线下教育相比，学生接受起来更容易。

一场疫情让不少人看到短视频对于在线教育的加持作用。不管是低价课推荐、带货售书、还是引导用户至线下门店报班，越来越多的教育培训机构开始用短视频+教育的方式对冲日益增长的获客成本。

▶ **案例10**

小灯塔少儿线上教育是一家少儿培训机构，开启了线上拼课模式。他们的重点放在了微信公众号上，如图8-17所示。为了更好地引流又开通了微信视频号，通过视频号给公众号引流，真正实现了视频号与公众号的闭环。

图 8-17　小灯塔少儿微信视频号引流

很多教育机构做微信视频号最主要的目的还是引流，或引流到线下店铺，或引流到自己的自媒体平台。真正的在线授课还不多，这也是微信视频号与其他短视频平台相比的劣势所在。

对于业内人士来说，几乎已经形成了提及短视频＋教育，第一想到的就是抖音、快手。快手66.6亿流量扶持教育类账号，抖音、西瓜视频计划打造5位千万粉名师和555位百万粉名师。快手、抖音的在线教育可谓烈火烹油、好不热闹。

互联网＋教育的精髓就是在线授课，微信视频号在教育行业的发展趋势也同样如此。每一个年龄段都蕴含着各式各样的教育需求，从学生升学到职场技能培养，再到亲子相处等。庞大的用户基数意味着庞大的播放量。作为坐拥11亿日活用户的微信身穿视频号这身"铠甲"，手持腾讯ALL in短视频内容这把长枪，进入短视频的战场，势必会开展线上授课业务，分享在线教育这块大蛋糕。

因此，微信视频号需要为教育企业或机构提供在线授课平台。不过，就微信视频号当前的发展状况看，具体实施起来还会遇到很多困难，作为在线教育企业和机构必须充分认识这些困难，做好心理准备。这些困难主要表现在两个方面。

（1）影响力不够大

微信视频号在在线教育平台方面的影响力上尚有欠缺，远远达不到粉丝效应。正如有着两年英语培训经验的王湘（化名）在灰度测试时期，就成了微信视频号用户，她当时就已经开始在视频号上发布与英语相关的短视频了。在谈及使用体验时她说："我现在感觉微信视频号目前只能算是一个通信工具。"

这句话的意思就是微信视频号影响力不够大，缺乏开展教育的氛围和扶持。反观抖音，已经有很多网红老师开通了直播，轻松实现了变现。

> ▶ **案例11**
>
> 抖音网红"这就是葛老师"，这个活泼外向的小学一年级语文老师，因蹦蹦跳跳的教学风格迅速在抖音上蹿红，目前已拥有700多万粉丝。拥有粉丝后她开始直播，每次直播前先是喊麦一段拼音口诀，随后开始"带货"。她在直播里推销了几门自己的录播课程。直播结束后，抖音购物车显示，一门价格323元的拼音课卖出了213套。

（2）平台打造投入较少

做教育行业要求投入较高，线下如此，线上也是如此。打造在线教育平台是非常大的投入，包括资金投入、技术投入和专业人员投入等，这点可以参考抖音。抖音、今日头条、西瓜视频推出"学浪计划"，三方将投入百亿流量，扶持平台教育创作者。字节跳动相关人士表示：该计划将为k12、语言教学、高考、考研、职业教育等教育内容提供流量支持，并为相关创作者提供运营培训、变现指导等一揽子服务。

微信短视频在投入上尚未到位，或者说还没有一个完善的计划。鉴于以上原因，视频号在成长为一个致力于在线教育的平台方面还有很长的路走，实现在线授课平台搭建也势必会较为缓慢，但前景是光明的，微信短视频必将成为在线教育的新趋势。

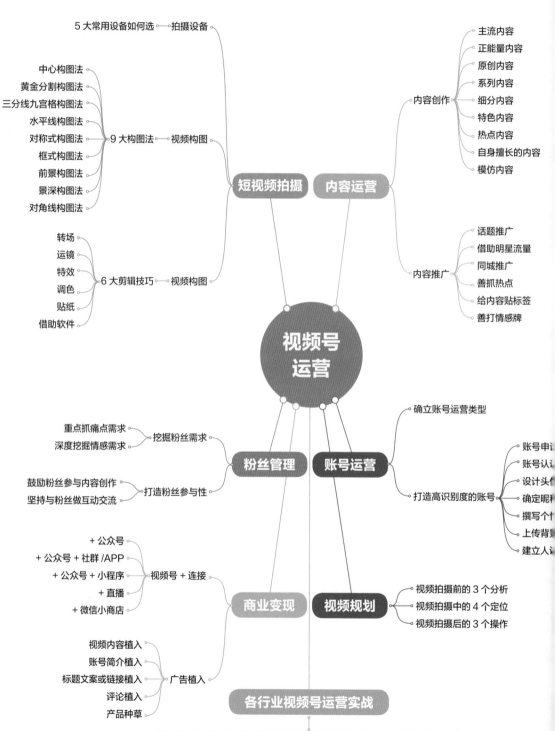